Caterina Wolfherz

Tanz entlang der Lebenslinie

HERDER / SPEKTRUM

Band 4301

Das Buch

Älter werden ist ein Prozeß, der ein Leben umfaßt. Wir erfahren dies manchmal an besonderen Punkten des Lebens, wenn „es“ irgendwie nicht weitergehen will, wenn man meint, man sei in einer Sackgasse. Die eigene Vergangenheit und die Gegenwart scheinen sich von der Zukunft und ihren Perspektiven abgekoppelt zu haben. Da kann es helfen, in Bewegung und im Nachgehen die jetzige Situation, aber auch Vergangenes und Zukünftiges körperlich erfahrbar zu machen und es wieder in eine sinnvolle Beziehung zu bringen. Unser Körper kann viele Signale geben, die dann plötzlich zu einem „Aha-Erlebnis“ führen: Es öffnen sich neue Wege aus der Sackgasse heraus. Älter werden bedeutet eben auch, neue Perspektiven zu entwickeln. Der „Tanz um die Lebenslinie“, Imaginationsübungen und andere Körperübungen, können dabei erstaunliche Hinweise geben für die, die sich darauf einlassen. Caterina Wolfherz hat diese Methoden langjährig in vielen Seminaren und mit vielen Menschen erprobt. In diesem Buch gibt sie ihre Erfahrungen und ihr Wissen an alle weiter, die ihr Leben phantasievoll gestalten wollen.

Die Autorin

Caterina Wolfherz, Amerikanerin, geboren 1949, Ausbildung in Musik und Tanz, Studium der Philosophie, Fortbildung in körperorientierten Psychotherapien. Seit 1980 in Deutschland als Seminarleiterin und Referentin tätig.

Caterina Wolfherz

Tanz entlang der Lebenslinie

Mit Phantasie und Bewegung älter werden

Herder
Freiburg · Basel · Wien

Originalausgabe

Satz: Fotosetzerei G. Scheydecker, Freiburg im Breisgau
Druck und Bindung: Freiburger Graphische Betriebe 1994
Umschlaggestaltung: Joseph Pölzelbauer
Umschlagmotiv: Henri Matisse, Deux danseurs
L'Etrange Farandole (1938), Coll. M. N. A. M., Paris, © Succession
H. Matisse, VG Bild-Kunst, Bonn 1993
ISBN 3-451-04301-7

Inhalt

Vorwort

Das Thema Älterwerden liegt im Trend. Als ich im Sommer 1993 in San Francisco war, las ich in Newsweek einen Vorabdruck von Betty Friedans neuem Buch über das Alter. Wenige Monate später besuchte ich meine Schwestern in Norfolk und sah Germaine Greer im Fernsehen des Channel IV. Und ich fand es höchst anregend, wie diese Frauen – streitbare Feministinnen der ersten Stunde, die eine mittlerweile Anfang siebzig, die andere Mitte fünfzig – sich mit der ihnen eigenen rebellischen Jugendlichkeit ein neues Terrain erobern: das Alter.

Ich hätte nicht gedacht, daß es bei mir schon „soweit ist". Innerlich fühle ich mich kaum der Pubertät entwachsen. Ich bin jetzt 45 Jahre alt und sehe die Welt mit den Augen eines – wohl altgewordenen – Kindes. Und ich habe festgestellt: In dieser Lebensphase kann die Chance liegen, die eigene Bewußtwerdung in einen sinnvollen Zusammenhang zu bringen und so den Schatz der durchlebten Erfahrung noch einmal von Grund auf zu verarbeiten und eine neue Lebensordnung zu entwickeln.

Meinen Beitrag zu diesem Thema sehe ich in der Erforschung von Lebensräumen und in der Beratung zu einer individuellen Lebensgestaltung, die sich durch Alter und Tod transzendiert. Die von mir seit einigen Jahren veranstalteten Seminare zu Altersbewußtsein und Zeiterleben machen deutlich, wie wichtig es für viele Menschen ist, sich bereits in der Lebensmitte mit ihrer Zukunft, dem Alter, zu beschäftigen. Erreichen doch auch immer mehr

Menschen ein höheres Lebensalter, das sie sinnvoll gestalten und nutzen wollen.

In meinen Seminaren arbeite ich viel mit Übungen, die den Körper und die Seele in Bewegung bringen. Sie sind immer wieder erprobt worden und haben sich als tragend erwiesen, so daß ich sie nun einer größeren Öffentlichkeit zugänglich machen kann. Was in den Übungen eigentlich geschieht, ist dies: Für diejenigen, die sich auf die Übungen einlassen, wird eine neue Organisationsmatrix, eine neue Form der Lebensgestaltung als Möglichkeit, als Potential und Vision sichtbar. Wie weit dann der Plan auch in die Realität umgesetzt werden kann, hängt von der Disziplin und Beharrlichkeit, auch von dem Vertrauen der Person in sich selbst und in die Umwelt ab. Daß solche Fähigkeiten nicht in kurzer Zeit erworben werden können, sondern eine oft jahrelange intensive Auseinandersetzung mit sich selbst voraussetzen, versteht sich von selbst.

Den hier vorliegenden Übungen schließen sich zahlreiche Fallbeispiele an. Hier geht es mir vor allem darum, das Körpergefühl und die assoziativen Äußerungen der Personen wiederzugeben, so daß eine mehr poetische als wissenschaftliche Schilderung entstand. Es können natürlich nur Momentaufnahmen sein, die keine verallgemeinernden Patentrezepte liefern können. Doch zeigen sie deutlich, wie es Menschen gelingt, positiv und konstruktiv ihre Krise zu bewältigen. Bewältigung heißt dabei nicht Verdrängung im Sinne von „es wird schon wieder werden“ oder „diese Krise darf nicht sein, kann nicht sein, und ist deshalb nicht“. Es geht nicht um oberflächliche Korrekturen oder um eine Beschönigung im Sinne von „es wird sicher alles gut“, sondern um eine bewußte Umwertung.

Die therapeutische Methode heißt „Reframing“, also die Dinge in einem neuen Licht sehen zu lernen, aus einer neuen Perspektive, in einem Kontext zu betrachten. Sie ist allerdings nur allzu oft in einer oberflächlichen Weise eingesetzt worden. Manches läßt sich nicht einfach umdeuten, es sei denn, man wolle dem allgemein üblichen Zynismus Vorschub leisten und auf schnelle, einfache Lösungen drängen, wohl wissend, daß diese nicht möglich sind. In den hier vorgestellten Fällen erscheinen die Lösungen zwar oft erstaunlich einfach und unmittelbar, insofern sie ein eindeutiges Aha-Erlebnis und ein sofortiges Körpergefühl der Erlösung vermitteln. Das heißt aber nicht, daß die Anleitung zur Umsetzung in den Alltag gebrauchsfertig mitgeliefert wurde. Oft dauerte es noch Wochen, Monate, sogar Jahre, bis sich das ursprüngliche Erlebnis, das Erkennen, durchsetzte und eine Neuordnung im Alltag etablieren konnte.

Das Leben als ganzheitliche Gestalt

Ein Bewußtsein für Zeit und Alter

Noch bevor mir bewußt wurde, daß ich älter wurde, erkannte ich eines Tages, daß ich mittlerweile zu alt war, um jung zu sterben. Als ich in die Pubertät kam und die Zeitlosigkeit der Kindheit verließ, hatte ich mir vorgestellt, nicht älter als 33 Jahre zu werden, was ich damals schon für ein beträchtliches Alter hielt, das eigentlich nicht mehr zur Jugend gehört. Als ich dann mir nichts dir nichts 35 geworden war, dämmerte mir, daß ich von irgendeiner Idee Abschied nehmen mußte. Damals dachte ich, daß es etwas mit meinem Hippiedasein zu tun hätte oder mit meinem sorglosen Dahinleben in den Tag. Oder daß es mit den Idealen der 68er Rebellion zusammenhinge, die ich als Abiturientin miterlebt hatte. Nun war ich längst keine Studentin mehr, und während ich darüber nachdachte, was es sein könnte, was sich da als unwiederbringlich verloren in mir anfühlte, verging draußen die Zeit und machte Geschichte. Älterwerden hat offensichtlich auch etwas mit der Zeit und dem Zeitempfinden zu tun.

Dabei hatte ich mich von Kindheit an mit der Frage befaßt, was Zeit eigentlich sei. Und das erste Gefühl, das ich mit dieser doch sehr abstrakten Frage verband, war die konkrete Erfahrung von Langeweile. Die erste Frage, die ich mich fragte, war die: Was macht die Zeit zur langen Zeit, zur langen Weile? Und die zweite Frage war, ob andere Kinder, andere Menschen sich ebenso entsetzlich langweilten wie ich. Und ob Katzen sich wohl langweilten? Aufgrund von Beobachtungen kam ich damals zum Schluß: Sich langweilen ist etwas, was nur Menschen können.

Natürlich war diese „Fähigkeit" mir zunächst als Makel und Mangel erschienen, nachdem mir öfters vorgeworfen worden war, daß andere Kinder sich mit sich selbst beschäftigen könnten und ich weit und breit das einzige Wesen zu sein schien, dem nichts einfiel, um die Zeit anzufüllen. Die Vorstellung, ein ganzes Leben vor sich zu haben, war für mich keineswegs eine schöne. Vielmehr war der Gedanke, neunzig Jahre Zeit zu haben und diese in irgendeiner Weise durchleben zu müssen, ein Gedanke, den ich lieber nicht dachte, um nicht von der Wucht dieser unausweichlichen Verpflichtung erschlagen zu werden.

„Das Angenehme an der Zeit ist, daß sie vorbeigeht". Dieses Zitat eines chronisch Depressiven ist in den Studien Minkowskis vermerkt. Irgendwann fiel mir solche Literatur in die Hand, und ich begann, mich schon zu Schulzeiten mit den pathologischen Phänomenen des menschlichen Zeiterlebens zu beschäftigen, wenngleich die Tatsache, daß es sich hier um Berichte aus der Psychiatrie handelte, nicht sehr beruhigend auf mich wirkte. Und doch war es gut zu wissen, daß es Menschen gab, für die Zeit etwas war, von dem sie nicht zuwenig, sondern zuviel hatten.

Das gab mir das Recht nachzufragen, was für eine Qualität das Leben haben müsse, um die Zeit als etwas Wertvolles erleben zu lassen. Es gab mir den Hinweis darauf, daß Quantität allein nicht Qualität bedingt. Die Begegnung mit der „nackten Zeit", also der chronologischen Zeit, die quantitativ Sekunde für Sekunde als vergehende gemessen werden kann jenseits aller Bewertung, ob sie sinnvoll und bedeutsam war oder nicht, führte mich weiter zu Fragen, wo denn Sinn und Bedeutung entstehen könnten, da sie offensichtlich nicht von dem biologischen Leben und der Zeit selbst mitgeliefert wurden.

Wo etwa entsteht Kurzweil? Und ist Kurzweil das einzige Mittel gegen Langeweile? Wodurch, fragte ich mich, entsteht meine Sehnsucht, die ich als ein Gefühl einordnete, ein Gefühl mehr als ein Wissen, nicht richtig in Zeit und Ort zu sein, nicht richtig da zu sein. Ein Gefühl, vom richtigen Zeitpunkt und richtigen Ort, von der richtigen Gegenwart entfernt zu sein, ohne diese Entfernung durch eigenes Zutun überwinden zu können. Wodurch entsteht diese Bewegung des Sehnens, des Ausstreckens und Dehnens, wodurch entsteht der Wunsch nach Annäherung, Ausrichtung, Einstimmung, wenn nicht in einer Art des Zeiterlebens, die mich mir selbst entfremdete?

Ich begann über die Zeit zu schreiben. Ich wollte die Entfremdungszustände, die mich vor allem während meines Studiums plagten, genau beschreiben, um ihrer Herr zu werden und sie durch ihren Ausdruck in Sprache Gestalt werden zu lassen. Dann wäre die mir eigene Fremdheit zum eigenen Zuhause und Ausgangspunkt weiterer Erforschungen geworden, und ich hätte zumindest einen festen Ort gehabt, auf den ich mich immer wieder beziehen könnte.

Ich dachte über das Paradoxon des vorsokratischen Philosophen Zenon nach. Bei Zenon wurde doch tatsächlich behauptet, der schnelle Läufer Achilles könne eine Schildkröte im Wettlauf nie einholen, wenn er ihr einmal einen Vorsprung gewährt hätte. Und auf einer chronologischen Zeitlinie als Rennbahn wäre dies genau genommen auch der Fall, da sich das chronologische Maß der Raum- und Zeiteinheiten in immer kleinere Einheiten zerteilen läßt und Achilles somit immer nur die Hälfte des Vorsprungs abläuft, jedoch, von der Schildkröte immer durch ein noch so kleines Teilchen an Raum und Zeit getrennt, diese nie einholen und also auch nicht überholen kann.

Und ich kam zu dem Schluß, daß in bestimmten indianischen Sprachen, wie sie etwa der Sprachphilosoph Whorf beschrieben hat, keine solch merkwürdigen Dinge passierten wie bei Zenon. In den indianischen Sprachen, so Whorf, gab es in der Grammatik keine Zeitstrukturen, die unserem westlichen Zeitmaß entsprochen hätten. Die Zeit ergab sich aus der Anordnung von Zeitpunkten in Form von kollektiven Ereignissen, also Festen, Tänzen, Ritualen und exisitierte somit nur als Orientierung in der Landschaft des Geschehens. Es gab anscheinend Kulturen, die sich mit „früher" und „später", also mit wahrnehmbaren Unterschieden, im Fluß des Lebens zurechtfanden, und sich deshalb auch nicht so von diesem distanzieren, innerlich abtrennen mußten, um die lebensnotwendigen Messungen vorzunehmen. Der Sprung des Achilles, mit dem er die Schildkröte überholte, wäre genug Maß gewesen, um zu beweisen, daß Achilles die Schildkröte längst eingeholt hat. Und einen Sprung kann man nicht zerteilen, sonst wäre es kein Sprung. Ein Sprung ist ebenso wie ein Schritt eine geschlossene Gestalt, die als Ganzes wahrgenommen wird. Soweit zu Achilles, der Schildkröte und den Indianern.

Kurz nach der Beschäftigung mit Whorf und Zenon packte ich meine Sachen und ging in ein Land, das keine Pünktlichkeit kennt: Italien. Dort hauste ich in einer Kommune und ging einer Beschäftigung nach, die für das damalige Zeitalter der Drop-outs und Hippies typisch war: Ich webte und nähte Fleckerlteppiche. Das hat mein Zeiterleben von Grund auf verändert. Hätte man mir damals gesagt, daß ich „nur" versuchte, mich zu beschäftigen, um mich nicht zu langweilen, mich also instinktsicher mit ergotherapeutischen Mitteln selbst zu heilen, was ich heute selbst denke, hätte ich meine Arbeit keineswegs als so angemessen und so kurzweilig empfunden und somit nie das Symptom Langeweile auskuriert. So aber, weit weg von Analysen, Diagnosen und Definitionen pathologischer Symptome, webte und nähte ich mit einer Hingabe und Leidenschaft, als gäbe es nur dies im Leben. Sicher hatte ich dabei immer wieder für kurze Momente das Gefühl, ich tue hier etwas, was nur voräufig von Sinn ist, aber das beunruhigte mich nicht weiter, denn langsam bekam ich ein Gefühl für Fülle und Erfüllung. Immer wenn ein Teppich fertig war, stellte sich das Gefühl der Befriedigung wieder ein: Ich hatte etwas geschaffen, wo nichts gewesen war. Ich hatte in unermüdlicher Geduld die Flecken hergestellt und dann zusammengestellt, sie zusammengenäht, Muster entworfen, die als Rahmen und Abschluß die Ganzheit betonten und eine Einheit aus dem machten, was zuvor verwirrende Vielfalt gewesen war.

Dann eines Tages war es soweit. Ich hatte genug gelernt und eine gute Basis erworben, vor allem hatte ich Selbstvertrauen und Zuversicht entwickelt. So gewappnet kehrte ich wieder nach Deutschland zurück, in das Land der Kritik, der Professionalität und der Präzision. Ich begann, im Bereich der Psychotherapie zu arbeiten. Gab es in meiner Jugend noch die Verschwörung der Patienten gegen die Gesellschaft unter dem Motto: „Mach kaputt, was dich kaputt macht!", so lernte ich jetzt im Kontext der systemischen Familientherapie das zu achten, was nun einmal zu mir gehörte,und ich lernte Selbstachtung unter dem Aspekt der Selbstbewahrung. Ich lernte mich zu erinnern, genau zu erinnern, Zusammenhänge herzustellen, zu begreifen, bewußt zu werden aus Einsicht. Es war nicht dieselbe Bewußtwerdung, die durch Drogen unterstützt als Bewußtseinserweiterung ins Unermeßliche expandierte und explodierte, und es war nicht dieselbe Wahrnehmung, die die Sensationen der Ekstase als Startpunkt suchte, sondern es war ein Erforschen und Aufsuchen innerer Orte, die schon immer dagewesen waren und dazugehört hatten, ein Anhören innerer Stimmen, die nun endlich zu Wort kommen durften, und das Brechen des Schweigens: die Begegnung mit den Totgeschwiegenen.

Ich entwickelte mit der Zeit ein System der Organisationsberatung, in das meine Erfahrung mit dem Neurolinguistischen Programmieren (NLP), mit der Hypno-Therapie nach Milton Erickson und der systemischen Familientherapie einflossen. Und nun, genau in der hypothetischen Lebensmitte, konfrontierte mich die Arbeit an diesem Buch über positives Altersbewußtsein wieder mit der Frage: Was verwandelt Zeit in Sinn? Wie muß der Umgang mit der eigenen Zeit, mit der Lebenszeit gestaltet werden, um ein Gefühl für Lebenssinn zu erzeugen? Und wie kann ich mich selbst so organisieren, daß sich mein Leben bis hin zum Alter sinnvoll erfüllt? Hat Sinn überhaupt etwas mit Organisation zu tun? Kann Sinn geplant, wie ein Muster entworfen, wie ein Stil festgelegt, wie ein Unternehmen organisiert werden? Kann ich überhaupt etwas dazu tun und was? Was ist Schicksal, was ist von außen bestimmt, und was unterliegt meiner eigenen Entscheidung, meinem Willen und meiner Freiheit? Ist eine Krise, vor allem die Krise der Lebensmitte – die sogenannte Midlife-crisis – ein Schicksalschlag, eine Phase in einer natürlichen Lebensentwicklung, eine gerechte oder ungerechte Strafe, eine interessante Information, ein Aufruf, eine Chance, eine Herausforderung oder von allem etwas?

Wenn es um die Erforschung von Lebensräumen geht, dann ist die Krise der Lebensmitte sicherlich ein solcher Raum, aber auch die Krise des nahenden Todes ebenso wie seines ungewissen Zeitpunkts und die Krise des Bewußtseins der eigenen Sterblichkeit. All dies sind Räume, die wir bereisen, durchschreiten, bewohnen können, um so immer mehr aus der Enge, aus der selbstgewählten Beschränkung der Unbewußtheit heraustreten zu können in die Weite eines sich vor uns ausbreitenden Horizonts, der uns entgegenkommt in dem Maße, da wir ihm uns annähern.

Welche Übungen kann ich als Beraterin einer Einzelperson oder auch einer Gruppe anbieten, um einem so intimen Lebensbereich wie das Altern, das ja assoziativ verbunden ist mit dem Sterben, gerecht zu werden? Wie kann ich direkt vorgehen, ohne zu manipulieren? Wie kann ich als Außenstehender einen inneren Prozeß beurteilen, geschweige denn lenken? Wie kann ich Widerstände berücksichtigen, ohne sie unnötig zu betonen, aber auch ohne sie zu verdrängen? Wie kann ich etwas thematisieren, das in unserer Gesellschaft kein Thema ist: Wie kann ich über das Sterben sprechen, ohne das Ziel der Freude, die Lebensfreude aus den Augen zu verlieren?

Der Tanz um die Lebenslinie ist eine Möglichkeit, in der jeder konkret erfahren kann, was dies alles für ihn ist. Dabei wird eine Linie auf den Boden ausgelegt. Sie hat einen Anfang, der die Geburt markiert, und ein Ende, das den Tod symbolisiert. Um diese Linie herum bewegen sich die Teilnehmer/-innen. Als ich zum ersten Mal den Tanz um die Lebenslinie in einer therapeutischen Fortbildungsgruppe tanzte, befürchtete ich, daß es bei den beiden Polen von Anfang und Ende, von Lebenseintritt und Lebensaustritt, von Geburt und Tod zu traumatischen Erlebnissen kommen würde, denn mittlerweile wissen wir aus den Berichten des Psychotherapeuten Stan Grof, daß die Geburt keineswegs so einfach und selbstverständlich vor sich geht, wie wir das zunächst annehmen möchten. Wir vergessen gerne, wie wir zur Welt gekommen sind, und genauso ungern denken wir daran, daß wir alle einmal diese Welt verlassen müssen und daß das „Wie" eine Rolle spielen könnte. Aber immer wieder hat meine Erfahrung mit dem „Tanz um die Lebenslinie" gezeigt, daß Tod und Geburt offensichtlich nicht nur als Katastrophen und erschütternde Krisen im menschlichen Leben erfahren werden. In ihnen kann sich ein ganz eigener Schutzraum eröffnen, der in dem Tanz erlebt werden kann. Im folgenden wird es nicht nur um diesen „Tanz um die Lebenslinie" gehen. Viele Übungen, Körperübungen und Imaginationsübungen, können sensibilisieren für einen neuen Umgang mit sich selbst.

Es gibt in meinem Leben Vorbilder, die mir das Alter mehr zur Heimat als zum Schrecken werden ließen. Ich erinnere mich an meine Begegnung als junges Mädchen mit dem Philosophen und Meditationslehrer Graf Dürckheim. Obwohl er damals noch nicht sehr alt war, vielleicht um die sechzig, war er für mich Neunzehnjährige ein alter Mann. Ich konnte mir nicht vorstellen, daß mir ein Mann und dann in seinem Alter irgendetwas über das wirkliche Leben erzählen könnte. Ich erlebte ihn das erstemal bei einer Sitzung der Zen-buddhistischen Meditation und mußte feststellen, Alter konnte nicht nur Schwäche, sondern auch Stärke sein. Alter konnte nicht ein Abnehmen, sondern ein Zunehmen und damit ein Versprechen auf etwas sein, was Graf Dürckheim mit dem Wort Transzendenz bezeichnete.

Seit einigen Jahren verbindet mich auch eine innige Freundschaft mit der Kulturanthropologin Felicitas Goodman, sie geht auf die achtzig zu. Daß es möglich ist, vor allem als Frau auf diese erfüllte und würdige Weise alt zu werden, erlebe ich bei ihr, und es hat mich von meinen Jugendphantasien, einen vorzeitigen und plötzlichen Tod sterben zu wollen, abgebracht. Durch sie, die wie keine andere Wissenschaftlerin die Lebensbereiche der anderen Wirklichkeit erforscht hat, ist mir die bewußte Annäherung an den Tod zu einem Lebensziel an sich geworden. Dazu kann ich mich in einer Zeit, in der funktionale Anpassungsleistungen und profitvermehrende Organisationsstrategien hochgeschrieben werden, immer noch und immer mehr mit rebellischer Jugendlichkeit bekennen.

Das Leben als Fluß

Mitten im Alltag, eingebunden in unsere Gewohnheiten, ist es schwer, sich das Leben als Ganzes vorzustellen. Die folgende Imaginationsübung soll uns in der Phantasie ermöglichen, das Leben aus einer veränderten, ungewöhnlichen Perspektive zu überschauen und so experimentell ein neues Verhältnis zu der ganzheitlichen Gestalt unseres Lebens zu gewinnen. Dabei arbeiten wir mit inneren Bildern und Metaphern.

Übung

Ein Sinnbild für das Leben ist der Fluß. Er entspringt einer Quelle und mündet ins Meer. Dies ist allen Flüssen gemeinsam, wie auch immer der Lauf des Flusses sich gestalten mag. Ob er einen geraden Lauf oder viele Windungen haben mag, ob er sich durch enge Schluchten kämpft, von großer Höhe herabstürzt oder sich behäbig durch weite Ebenen wälzt, ob er Sandbänke und Untiefen, Stromschnellen oder vielfach verzweigte Nebenarme hat, ob er durch einsames, entlegenes Gebiet führt oder Großstädte miteinander verbindet, ob er seinen Namen verliert, wenn er in einen anderen Fluß mündet, ob er ganz von der Erdoberfläche verschwindet und unterirdisch weiterfließt, alles dies ist von Fluß zu Fluß verschieden. Gleich bleibt allen Flüssen die Eigenschaft, einen Anfangs- und Endpunkt zu besitzen, wobei auch hier Anfang und Ende sich in ihrer Gestaltung unterscheiden.

Wir vergleichen nun den Lebenslauf mit einem Flußlauf. Und wie gelangen wir in die Perpektive, von der aus wir einen Fluß von Anfang bis Ende überblicken können? Wir gehen auf einen Berg. Zunächst ist uns die Aussicht verstellt durch dichte Wälder. Doch während wir stetig steigen, können wir an der einen oder anderen Stelle schon Ausblicke in die Landschaft unter uns bekommen, und je weiter wir nach oben steigen, desto größer wird die Aussicht, die sich uns darbietet. In der Imagination sind die Kräfte unerschöpflich, und deshalb kommen wir sehr rasch und unermüdlich weiter, immer näher dem Gipfel, der sich als ein sehr, sehr hoher Gipfel herausstellt. Und während wir steigen, sehen wir ein Stück Fluß, vielleicht ein gleißendes Band, und schon der erste Eindruck wird wichtig sein für den weiteren Verlauf der Imagination. Ist der Fluß an der Stelle, wo ich ihn zum erstenmal als Ausschnitt sehe, eher breit oder eng, gerade oder gewunden, träge oder schnell, an einer Stadt gelegen, mit Brücken besetzt oder in freier Natur? Ich verweile einen Augenblick bei dieser vorläufigen Aussicht, die nur einen Ausschnitt aus dem Leben des Flusses zeigt, und versetze mich in den Fluß. Wie fühlt er sich an? Was für Geschichten erzählt er? Was hat er erlebt? Wie ist die Stimmung an seinen Ufern? Was für märchenhafte Fabelwesen könnten sich hier angesiedelt haben?

Wenn Sie einen genauen Eindruck von dem Charakter dieses Flusses bekommen haben, wenden Sie sich wieder ab und steigen weiter, höher. Die nächste Aussicht wird ein größeres Stück des Flusses zeigen: ein Stück mehr zeigen, woher der Fluß kommt und wohin er geht. Auch hier lassen Sie sich die Geschichten erzählen, die der Lauf des Flusses mit sich bringt. Hören Sie auf seine Geräusche, wenn sie ein auditiver Typ sind, riechen Sie den typischen Geruch, wenn Sie eine gute Nase haben. Lassen Sie den bildlichen Eindruck, das Farbspiel auf sich wirken, wenn Sie stark in Bildern und Eindrücken leben. Entnehmen Sie Wasserproben, wenn Sie der wissenschaftliche Typ sind und zur Analyse neigen. Oder lassen Sie sich von den Tieren und Pflanzen, auch von den Menschen erzählen, wie es sich in und um den Fluß herum so lebt, wenn Sie an ökologischen Zusammenhängen interessiert sind.

Untersuchen Sie die Geschichte der Dörfer, Städte, Kulturen, die sich im Umfeld des Flusses entwickelt haben. Lassen Sie sich die Sagen und Legenden erzählen, die den Fluß betreffen. Fragen Sie die Bewohner der Städte, wie sie den Fluß empfinden, welches Verhältnis sie zu ihm haben. Und wenn Sie sich einen konkreten, sinnlichen Eindruck verschafft haben, ganz so, als würde ein Film vor Ihnen ablaufen, dann wenden Sie sich auch von dieser Aussicht wieder ab und steigen weiter. Jetzt sind Sie schon sehr hoch, den Wolken nahe, und fast scheint es, daß Nebelschleier den Blick verstellen. Aber da erfaßt Sie ein Wind, ein Sog zieht Sie nach oben, und ehe Sie sich versehen, steigen Sie höher und höher. Jetzt fliegen Sie. Die Nebel lichten sich, und Sie haben das ganze Panorama vor sich. Nun sehen Sie den Fluß von Anfang bis Ende, von der Stelle, da er entspringt, bis zu dem Ort, da er ins Meer mündet. Es ist dies eine Aussicht, wie Sie sie aus dem Atlas oder von Satellitenfotos kennen. Und wenn auch Ihr Fluß vielleicht in keinem Atlas und auf keinem Satellitenfoto zu finden sein wird, so ist Ihnen doch die Perspektive durchaus vertraut, so daß Sie in Muße Nachforschungen über diesen Ihren Lebensfluß anstellen können. Sie schauen sich die Quelle näher an. Sie suchen die Mündung am Meer auf. Sie bleiben an mehreren Stellen des Flußlaufes, die Ihnen wichtig erscheinen – der Flug Ihrer Gedanken und Ihrer Phantasie bringt Sie überall hin.

Und dann, wenn Sie das Gefühl haben, genug Information für dieses Mal eingeholt zu haben, versetzen Sie sich wieder auf die Bergspitze, von der Sie nun herabsteigen und langsam den großen Überblick verlieren. Stück für Stück kommen Sie wieder zurück von Ihrem Ausflug und finden sich ein in die Alltagswirklichkeit, die Sie jetzt umgibt.

Erfahrungen

Im folgenden erzählen drei unterschiedliche Personen, was sie und wie sie sich selbst in dieser Übung erfahren haben.

Harald, 39, sah als erstes das Treiben in der Stadt, den unendlichen Strom von Menschen, die über die hochherrschaftlichen alten Brücken flanieren, und er war stolz darauf, als Fluß so beliebt zu sein, so berühmt, so vielfach besungen und gefilmt worden zu sein. Aber dann glitt sein Blick die Ufer entlang, dort wo der Fluß sich tatsächlich in seinem verdreckten Bett dahin schob. Der Fluß war unendlich schwer und müde, er hatte nicht mehr die Kraft, das Gerümpel mitzunehmen, und lud es einfach an den schlammigen Sandbänken ab. Harald war über die Schwerfälligkeit seines Flusses entsetzt, er schämte sich dafür, daß ein so berühmter Fluß so wenig Schwung und Pfiff hatte und nicht mehr als eine graugelbe trübe Brühe darstellte. Das Elend des Flusses kontrastierte mit den herrlichen Kuppeln der Stadt, mit der guten Laune der Menschen, die sorglos an den Ufern spazierten, vielleicht mal kurz die Nase rümpften, aber ansonsten den Dreck als unvermeidlich ansahen und sogar romantisierten.

Das ärgerte Harald, er beschloß, zumindest eine Kläranlage zu beantragen. Diese allerdings würde das Stadtbild stören. Deshalb ging Harald flußaufwärts der Herkunft des Drecks nach und fand hochgiftige Chemikalien, die durch alte Färbereien ausgestoßen wurden. Er wollte das verbieten. Aber dann würde ein ehrwürdiges altes Handwerk aussterben, und außerdem würden Arbeitsplätze gefährdet. Frustriert zog sich Harald in seine einsame Bergwelt zurück, in der er immer höher stieg, bis er von den Wolken mitgenommen wurde. Er suchte den Ursprung des Flusses auf einer Hochmoorebene, konnte aber die Quelle dort zunächst nicht finden, weil alles mit sprudelnden Wasserläufen übersät war. Gleißend in der Sonne bot dieser Anblick eine solche Augenweide, daß die Freude über das vielfache Sprudeln, Hervorquellen und Quirlen Harald erfaßte und das spätere Schicksal des Flusses aus dem Blick geraten ließ. Er fühlte die ungestüme Kraft, die Wendigkeit der kleinen Wasserläufe, die sich schließlich zu einem Bach vereinten, der sich wiederum in natürlichen Becken und Wannen eines Bergtals verlor und wiederfand.

Als der Fluß sich der Stadt näherte, wurde er kanalisiert. Und damit begann er seine Kraft und seine Freude zu verlieren, als hätte er seinen eigenen Willen aufgegeben und würde von nun an alles schlucken, was in ihn hinein geworfen würde. Als er schließlich ins Meer mündete, war er nur mehr eine große Lake, die sich in ein ebenso vergiftetes und bleiernes Meer ergoß. Aber durch seine Begegnung mit der ursprünglichen Schönheit der Quelle konnte Harald, motiviert und inspiriert, den zunächst scheinbar hoffnungslosen Kampf mit den ehrwürdigen Traditionen und der stumpfen Ignoranz der Bevölkerung aufnehmen. Als Stadtplaner gestaltete er um den Fluß herum eine Art Naturschutzgebiet, das – mitten in der Stadt – beträchtlich zur Touristen-Attraktion beitrug. Von den Eintrittsgeldern wurden die raffinierten Neubauten der Kläranlagen – ein Hit der modernen Architektur – finanziert.

Zufrieden ließ sich Harald nach seiner Phantasiereise wieder im Alltag nieder und begann mit der Verwirklichung seiner Pläne gleich bei sich selbst, indem er seinen trägen Stoffwechsel, seine Depressionen, seine Übergewichtigkeit endlich ernst nahm und mit Hilfe eines Homöopathen seinen eigenen Lebensfluß klärte und neu organisierte.

Susanne, 48, hatte ebenfalls anhand der Fluß-Imagination körperlich erlebt, wie sehr ihr Stoffwechsel mit den Jahren sich verlangsamt hatte, und wie sehr dies auf ihr Lebensgefühl zurückwirkte. Die Vision von der Lebendigkeit der Quelle hatte ihre Einstellung verändert: plötzlich wollte sie nicht mehr hinnehmen, daß sie einfach alt wurde, und deshalb nicht mehr die Qualität von Quellwasser haben sollte. Sie verschrieb ihrem Fluß in fortgeschrittenem Stadium eine Verjüngungskur durch eine Sauerstoffpumpe, die die Verschlammung sanierte und das rege Fischtreiben in einem See wieder aufleben ließ.

Und sich selbst verschrieb sie, öfters den Alltagstrott ihrer Schreibtischtätigkeit zu unterbrechen und in die Berge zu fahren. Der Besuch eines bestimmten Wasserfalls heilte sie von ihrem Gefühl, gestaut und gestaucht zu sein. Sie kam wieder in Fluß und schöpfte neue Kraft, um ihre Ideen umzusetzen. „Gegen den Strom schwimmen", sagte sie, „kann auch heißen, an seine Quelle zurückzukehren und sich an die eigene Springlebendigkeit zu erinnern." Der Anblick des Wasserfalls gab ihr auch den Mut, sich in neue Vorhaben hineinzustürzen, ohne die Form zu verlieren, denn: „ Wasser findet sich immer wieder zusammen, und sei es auf dem Grunde, also sehr gründlich."

Peter, 41, begegnete seinem Fluß im Zustand eines ausgetrockneten Bettes. Dank der Vogelperspektive jedoch gewann er den Überblick und konnte absehen, wann der Boden wieder fester und undurchlässiger wurde und das Flußwasser zwang, Form anzunehmen, hervorzutreten, sich zu sammeln und mit vereinten Kräften den Widerstand des Felsens zu unterhöhlen. In der Ferne lockte das Meer mit seiner Weite und Großzügigkeit, seiner wilden Brandung, seinen großen Rhythmen von Ebbe und Flut. Diese Aussicht ließ die Hindernisse nicht mehr unüberwindbar erscheinen. Ein tiefer Atemzug verband Peter unwillkürlich mit seiner Sehnsucht und seiner Vision zugleich. Die „Durststrecke" konnte ertragen werden, weil das Ende in Aussicht war.

Allen drei ist gemeinsam, daß diese Übung ihnen nicht nur geholfen hat, aus einer Sackgasse oder einem Stau ihres Lebens wieder herauszukommen, in „Fluß" zu kommen und dadurch motiviert zu werden. Sie haben auch begonnen, ihr Leben als Ganzes zu sehen und können es nun aus einer neuen Perspektive neu organisieren.

Im Leben stehen wie ein Baum

Übung
Stellen Sie sich vor, Sie sind ein Baum, Sie stehen wie ein Baum im Leben. Wie stehen Sie da? Schließen Sie die Augen, gehen Sie in sich und lassen Sie den ersten Eindruck, das erste Bild, das Sie sehen, auf sich wirken. Was für ein Baum ist das? Wo steht er, allein für sich oder in einem Wald? In einem Tal, auf einem Berg? Ist er eher hochgewachsen, oder geht er mehr in die Breite? Ist er aufrecht und gerade oder mehr vom Wind gebeugt? In welchem Zustand ist er, gesund oder eher kränkelnd oder vielleicht am Absterben? Wie ist sein Stamm, seine Rinde? Wie sind seine Blätter beschaffen? Erkennen Sie in dem Baum einen bestimmten Baum? In welcher Jahreszeit befindet sich der Baum zur Zeit? Ist es Frühling, und Sie fühlen die Säfte in die noch kahlen Ästen einschießen, die Triebe in Knospen ausschlagen? Ist es früher Sommer, und der Baum hat sich zu seiner vollen Pracht entfaltet? Ist es später Sommer, und der Baum trägt Früchte, die er strotzend zeigt? Ist es Herbst, und der Baum läßt die Früchte fallen, während die Säfte sich wieder zurückziehen? Ist es Winter, und der Baum ist kahl, aber Sie wissen, daß er im Frühling wieder grünen wird?

Und nun fühlen Sie sich in den Baum ein. Auf welchem Boden steht er? Wie tief und wie weit gehen Ihre Wurzeln? Welche Nahrung können Sie als Baum für sich aus dem Boden, auf dem Sie stehen, gewinnen? Müssen Sie sich festhalten, um Ihr Überleben kämpfen, oder werden Sie getragen? Sind sie fest verwurzelt, oder müssen Sie bei jedem größeren Sturm darum fürchten, fort- oder herausgerissen zu werden? Und nun, wie sind Ihre Blätter beschaffen? Können Sie sich voll entfalten, oder sind Sie zusammengerollt, vertrocknet, abgeschnitten vom Saft? Sind die Blätter glatt und regelmäßig, oder gibt es störende Unreinheiten in der Haut des Blattes, Verknotungen, die die volle Entfaltung verhindern? Fühlen Sie sich in die kleinen Adern der Blätter ein. Fühlen Sie, wie Ihr Baum im Austausch mit der Luft und der Sonne steht. Und dann sehen Sie den Baum, Ihren Baum, als Ganzes, als ein System, in dem alles mit allem zusammenhängt. Und ohne genau zu wissen, wie die Zusammenhänge aufeinander wirken und im Wechsel stehen, beobachten Sie den Baum nun aus einiger Ferne und fragen sich: Hat dieser Baum alles, was er braucht? Fehlt ihm etwas? Was fehlt ihm?

Und nun lassen Sie den Baum in Ihrer Phantasie durch die Jahreszeiten wachsen, denn es ist Wachstum, was den Baum auch durch jene Zeiten führt, in denen er seine Früchte, seine Blätter fallen läßt und sich die Säfte zurückziehen von der Oberfläche. Und mit einem liebevollen Blick begleiten Sie Ihren Baum durch diese Wandlungsstufen, beobachten ihn, wie er im Frühling als Keim oder Trieb ungeheure Kräfte entwickelt, um sich durchzusetzen gegen noch so widrige Umstände. Sie beobachten ihn als Ganzes, als System, auch jetzt, da er in voller Pracht im frühen Sommer vor Ihnen steht. Sie lassen sich vom Schein nicht täuschen und fragen den Baum, ob er alles hat, was er braucht, und Sie lassen ihm Zeit zu antworten, denn sehr oft braucht es eine Weile, bis sich der Baum seiner Ganzheit erinnern kann und sich die letzten Adern und Wurzeln zu Worte gemeldet haben. Erst dann lassen Sie das Jahr voranschreiten, so daß die Zeit der eigentlichen Reife kommt. Was hat der Baum zu bieten, wie sorgt er für sein Nachleben als Spezies, für seine Fortpflanzung, sorgt er dafür, daß seine Früchte alles erhalten, um sich wirklich fortpflanzen zu können, daß die Saat aufgehen kann? Sorgt er dafür, daß die Keime schon alles enthalten, was sie später brauchen werden, um sich entfalten zu können? Haben die Keime, die Früchte und Samen alles, was sie brauchen, um auf eine Reserve zurückgreifen zu können? Und was ist es, das fehlt, falls etwas fehlt? Und dann, im Herbst, beobachten Sie, wie der Baum seine reifen Früchte genau im richtigen Moment, auf dem Höhepunkt der Reife, losläßt und dem Boden, dem Wind übergibt. Und dann, in den ersten Wintertagen, beobachten Sie, wie der Baum in der Winterstarre den Frühling erwartet.

Und dann, wenn Sie bereit sind, den Kreislauf zu einem vorläufigen Stillstand zu bringen, wählen Sie einen Zustand des Baumes aus, in dem Sie sich selbst als Baum besonders wohl fühlen oder mit dem Sie sich besonders gut identifizieren können, und dann lassen Sie das Märchenwunder geschehen, und stellen Sie sich vor, daß dieser Baum ein Mensch geworden ist und in Ihren Alltag kommt. Der Baum bringt noch all seine Baumerfahrungen mit und ist nun mit Ihrem menschlichen Alltag konfrontiert. Wie würde der Baum in bestimmten Alltagssituationen reagieren, wie würde er sich fühlen, wie gestaltet sich nun der Kreislauf durch die Jahreszeiten? Wie kommt er nun mit den Aufgaben, die die verschiedenen Zeiten ihm stellen, zurecht? Hat er alles, was er braucht, und was fehlt ihm zur optimalen Selbstorganisation? Gehen Sie die Fragen noch einmal durch: Hat der Baum einen nahrhaften Boden, der für ihn geeignet ist? Hat der Baum genügend Licht, genügend Platz? Ist die Luft geeignet, so daß er über die Luft aufnehmen kann, was er braucht, und abgeben kann, was er nicht mehr braucht? Wie gestaltet sich sein Austausch mit dem Umfeld etc.?

Und dann, wenn Sie sich ausreichend informiert haben, verabschieden Sie sich von Ihrem Baum und entlassen Sie ihn wieder in die Natur, lassen Sie ihn zurückkehren an den Platz, an dem Sie ihm in Ihrem ersten Eindruck begegnet sind. Bedanken Sie sich dafür, daß er das Experiment zugelassen hat, sich als Mensch zu fühlen und Sie darüber zu informieren, was er braucht und was ihm fehlt.

Erfahrungen

Katja, 50, sah sofort einen Feigenbaum, und da sie eine Zeit lang im Süden gelebt hatte, wußte sie, daß Feigenbäume gefürchtet sind wegen der Kraft ihrer Wurzeln, die Mauern sprengen und sich sogar durch Beton hindurch schieben können. Sie freute sich über die schlanke, biegsame Gestalt ihres Feigenbaums, der auf einem Feld stand und in aller Ruhe seine Früchte ausreifen lassen konnte. Auch wenn die Pflücker schon dachten, daß die Feigen reif seien, wußte sie es besser, denn wirklich reif waren die Feigen erst, wenn sich die Außenhaut der Frucht schon welk und weich anfühlte. Und auch dann konnten die ersten Herbststürme kommen, und noch immer hingen die Früchte an ihren Ästen und reiften weiter heran zu einer unglaublichen Süße. Sie genoß es, beim Reifen der Früchte das Weichwerden und Schrumpeln zu beobachten, denn sie wußte ja, wie sich innen die Süße entwickelte.

Aufgetaucht aus der Imagination verglich sie diese Runzeln mit ihren eigenen Falten, die für sie ein Problem darstellten, denn sie hatte sich immer mit einem alterslosen Idol der perfekten Frau identifiziert. Sie gab viel Geld aus für Kosmetika, aber es half wenig oder nichts. Wenn Sie hingegen nur ein paar Tage auf's Land zu ihrer Tochter fuhr, erholte sie sich so gut, daß die Falten auf wunderbare Weise verschwanden. Auf das Stadtleben wollte sie jedoch nicht verzichten, da es sie in Kontakt brachte mit den für sie lebenswichtigen Informationen. Sie war Schriftstellerin und brauchte die Reibung, wie sie sagte. Die Frage, die sie sich stellte, war nun, wie sie es schaffen könnte, ihre Runzeln im Gesicht ebenso anzunehmen wie bei den Früchten des Feigenbaums.

Durch ein wiederholtes Sicheinfühlen in die wunderbare Süße der Früchte kam sie schließlich zur Erkenntnis, daß die Art ihres Schreibens sich ändern mußte, wenn sie glücklich bleiben bzw. werden wollte. Sie nahm sich ein Beispiel an der Sprengkraft der Wurzeln, wenn sie schrieb. Denn das war ursprünglich die Motivation gewesen, mit der sie zum Schreiben gekommen war: die Alltagswirklichkeit immer wieder sprengen, aufbrechen, immer wieder den Triumph der Natur und des Wunderbaren feiern. Wenn sie also das Dionysische – der Feigenbaum ist der Baum des Dionysos – in ihrem Leben mehr zu Wort kommen ließ, fühlte sie sich jünger, und das Gesicht bildete unmittelbar den Zustand ihres Innenlebens ab. Nun waren es Falten der Süße, die ihre Spur hinterließen und von Reife zeugten, und zur Reife gehört Perfektion, wenn sie wirklich perfekt, d.h. abgeschlossen sein will. Das aber ist wiederum nicht möglich, weil Reife nie ein abgeschlossener, sondern ein offener Prozeß ist. Für Katja ging es schließlich um die Öffnung, Öffnung für das Leben, das weiterging und Spuren hinterließ.

Für Elisabeth, 39, dagegen war es wichtig zu erleben, daß es einen richtigen Zeitpunkt gab, an dem die Früchte losgelassen werden mußten, wenn sie wiederum selbst Frucht tragen sollten. Sie war sich nämlich nicht sicher, wie sie mit ihren eigenen Kindern umgehen und ihre wechselnden Bedürfnisse nach Nähe und nach Distanz mit ihrem eigenen Bedürfnis nach Harmonie und Kontinuität vereinbaren sollte. Sie fühlte sich in ihren Baum ein, der zu ihrem Lehrer wurde und es ihr genau vormachte, wann die Früchte sich von selbst vom Stamm trennten, so daß einerseits die Früchte ganz organisch und wie von selbst zu Boden fielen, andrerseits sich der Saft des Mutterbaumes nun wieder von der äußersten Peripherie zurückziehen, sich sammeln und auf das Wesentliche, nämlich die Vorbereitung auf Herbst und Winter, konzentrieren konnte. Eine weitere Lehre des Baumes war die, daß es nicht nur einen „zweiten Frühling", sondern noch viele Aufbruchszeiten für sie in ihrem Leben geben würde und es nur wichtig war, „mit dem Saft zu gehen", auszuschlagen oder sich zurückzuziehen, zu keimen, blühen oder sich zu entblättern, je nachdem. Und dies war nicht unbedingt abhängig von der Jahreszahl, sondern vielmehr von inneren Gesetzen, die die Harmonie des Innenlebens regelten.

Politik des Innenlebens

Bevor wir zu weiteren Übungen kommen, sollten wir uns noch ein paar Gedanken über unser Innenleben machen. Wir wollen schließlich alle harmonisch und friedvoll mit uns selbst und mit unserer Umgebung leben.

Zwei Seelen wohnen, ach, in meiner Brust, sagt Faust. Im Vergleich zur heutigen komplexen Aufschlüsselung des modernen Innenlebens hatte Faust noch die Übersicht. Seit Freud wissen wir, daß es unzählige Stimmen in unserem Unbewußten gibt, die nur deshalb nie zu Worte kommen, weil sie nie angehört werden. Aber eben dieses Totschweigen hat katastrophale Folgen, und in der psychotherapeutischen Praxis wird immer mehr nach einem Modell gesucht, das dem Zustand der Vielstimmigkeit und Vielschichtigkeit der Psyche gerecht wird. Ein solches Modell ist das Modell des Pandämoniums – bei einigen Vertretern des Neurolinguistischen Programmierens erwähnt –, das besagt, daß viele Dämonen, d. h. unbewußte Kräfte, um die Vormachtstellung im Innenleben ringen. Auch das Modell eines Pantheons, wie wir es mehr in den tiefenpsychologischen Interpretationen von Mythologien finden, ist eher das Modell einer Fremdbestimmung, denn auch hier ist das Ich den unbewußten Kräften mehr oder weniger hilflos ausgesetzt. Das Ich kann höchstens noch entscheiden, welche Form der Unterwerfung es wählt, die elegante Form der Übereinkunft, die trotzig rebellische der Opposition oder die ignorante des Nichtwissenwollens.

In neueren Modellen jedoch geht es um Selbstbestimmung. Dies sind die Modelle, die das Innenleben als Parlament, als Team, als Kooperative, als Orchester, als Familie, ja sogar als Unternehmen oder Betrieb organisieren wollen. Das Ziel dieser Organisation ist eine optimale Bewältigung anfallender Probleme und Konflikte, eine Anhörung, Anerkennung und Beteiligung aller am Innenleben, für das sich alle verantwortlich fühlen. Es herrscht also eine direkte Demokratie, das Ich ist der Bewußtseinspräsident, der Dirigent, der gut informierte Chef und Impresario des Seelentrupps. Die Aufmerksamkeit geht dabei mehr in Richtung positiver und konstruktiver Problemlösungen als der ausschließlichen Analyse des Mißlingens und Nichtfunktionierens. Es geht um politisches Handeln in dem Sinne, daß die Beziehungen zwischen den Beteiligten geklärt, ausgehandelt, festgelegt und durch Bündnisse, Abkommen Verträge strukturiert werden. Dies führt im Idealfall zu organischer Kontinuität und einem dauerhaften Frieden im Sinne der Befriedigung aller Bedürfnisse.

Der Idealfall des inneren Friedens ist eine Vision, die immer schon die oft leidigen Prozesse der Bewußtwerdung motiviert hat. Dabei sind uns aus der äußeren Politik meist die Pole von Krieg und Frieden bekannt, weniger jedoch eben jene Zwischenschritte der Verhandlungen. Gerade aber diese werden im Bereich des Innenlebens für uns interessant. Der experimentelle Charakter von Planspielen steht im Vordergrund, das Spielerische löst das Tragische (das in den Modellen der Fremdbestimmung vorherrschte) ab. Allerdings werden bei dieser Art des Vorgehens einige alte Tabus gebrochen:

- Das Ich ist weder Opfer wie in der Tragödie und in den großen Epen, wo der Mensch von Göttern und Dämonen schicksalshaft bestimmt wird, noch Täter. Wo Es war, soll Ich werden, fordert Freud, ganz noch von jenem Mißtrauen gegenüber dem Unbewußten geprägt, das die Kultur seit Aufklärung und Rationalismus gegenüber allem Irrationalem und Mystischen hegt. Das Ich ist aber in den neuen Modellen der Kooperation nicht mehr jener ursupatorische Emporkömmling, der alle Macht an sich reißt und auf Grund seiner Willensstärke hält, bis die Kräfte der Sabotage, des Terrors und der Trägheit (Entropie) aus dem Untergrund auftauchen, das Ich überschwemmen und das instabile Bewußtseinsgerüst einreißen. Das Ich ist kein selbstherrlicher König, kein totalitärer Diktator, kein fanatischer Missionar, sondern ein offener und verhandlungsbereiter Partner, der auf Zeit und ehrenamtlich die Aufgabe der Koordination übernommen hat. Die Kräfte des Es bleiben dabei durchaus autonom und verwalten ihr Gebiet in selbstorganisierender Weisheit. Es ist dies die Weisheit des Körpers als Organismus, der wie kein anderer das Ich lehrt, wie es vorzugehen hat, wenn es um Gesundheit und Heilung geht.
- Die alte Ausrede vom Schicksal ist in den meisten Fällen eine faule Ausrede, die immer weniger angenommen wird. Sie widerspricht dem Anspruch einer Intelligenz, die sich durch Leistungen der Organisation und des Chaos- und Krisenmanagements selbstverantwortlich auch in schwierigen, unübersichtlichen und unvorhersehbaren Situationen bewähren möchte, um so eine neue Wahrheit für sich herauszufinden.
- Es ist dies keine Wahrheit, die behauptet und autoritär dem Rest der Beteiligten verschrieben und aufgedrängt wird, sondern eine Wahrheit, die sich von selbst ergeben hat, das heißt, sie ist durch kreative Neuorganisation entstanden.

Es ist auch keine absolute Wahrheit, die ein für alle Male stimmt, sondern eine Wahrheit, die immer wieder neu gefunden werden muß. Wahrheitsfindung ist also ein offener Prozeß mit Open-end, für viele Menschen zunächst eine Zumutung und Verunsicherung, die aber dann im Laufe des kreativen Geschehens sich als ein lohnendes Risiko und eine gut plazierte Investition erweist, da das Geschehen sich so elegant, mühelos, ökonomisch und ästhetisch vollzieht, seine eigenen Richtlinien setzt und sein eigenes Maß findet.

- Gerade bei diesen kreativen Prozessen ist das Ich, sagen wir als Personalchef, mehr denn je auf gute Stimmung unter den Mitarbeitern und ein konstruktives Verhältnis von den Mitarbeitern zu sich selbst angewiesen. Das macht das Ich in gewisser Weise abhängiger als früher, denn es muß sich immer wieder neu einstimmen auf die Mitarbeiter. Dafür ist das Ich aber auch besser informiert, denn es weiß, was läuft, und was nicht. Es weiß, was funktioniert, und wenn es das nicht weiß, so kann es bei den betroffenen Sektionen anfragen, also zum Beispiel den Organismus befragen, ob er die vorgeschlagene Problemlösung für funktionstüchtig hält, was das ganze System, die ganze Person betrifft, oder nicht.
- Früher wurde der Körper wenig um seine Meinung gefragt. Heute, da wir psychosomatische Zusammenhänge besser einschätzen können, können wir schon prophylaktisch die Rechnung mit dem Wirt, nämlich mit unserem Körper, machen. Dies ist ein Grund, warum ich als Therapeutin und Organisationsberaterin soviel Wert auf Körperbilder und Körpergefühle lege.

Gerade in Fragen des Zeit- und Altersbewußtseins weiß der Körper übrigens sehr viel zur allgemeinen Information über die Lage beizutragen. Er reagiert sehr sensibel auf die Veränderungen, die zeit- und altersgemäß im Organismus vor sich gehen, und gibt eindeutige Signale über seine (neuen) Bedürfnisse bzw. über das, was an Altem für ihn überflüssig geworden ist. Wir könnten viel von unserem Körper lernen, wenn wir nicht so verbohrt bestimmte ideale Selbstbilder zu erfüllen versuchten, die dem realen Zeitpunkt und dem tatsächlichen Alter nicht angepaßt sind (siehe Jugendkult). Das Hören auf den eigenen Organismus kann uns in eine neue Phase des Lernens führen. Das alte Primat des Geistes über den Körper ist beendet. Das darf aber nicht mißverstanden werden als ein kurzsichtiger Kult der Vitalität an sich, sondern es sollte uns neue, bislang unbekannte Bereiche eröffnen, in denen der Organismus, ja die ganze Person, sich von selbst so organisiert, daß das Ich nichts dazu tun muß und auch nicht soll.

- Durch die Anerkennung der Prozesse, die sich von selbst ergeben, wird neben der Ich-Ebene, die die Ebene des Willens ist, auch die Es-Ebene als Experten-Komittee für diese Prozesse zugelassen. Das mindert das Maß an Kompetenz, das sich das Ich und der Wille früher anmaßten, und es verhindert eine Überforderung des Gewissens, das sich für alles zuständig fühlt. Gerade in einer immer komplexer, unübersichtlicher und unvorhersehbarer werdenden Welt, die wir in ihrer Vielschichtigkeit und Vielstimmigkeit, in ihrem Zuviel an Reizen und Informationen erleben, steht es uns gut an, uns eine neue Basis des Urvertrauens zu erarbeiten.
- Unsere Aufgabe ist es, uns in einem Kosmos der koexistierenden Welten zurecht zu finden und so gut, so konstruktiv wie möglich an einer friedlichen Lösung mitzuarbeiten. Die Verschiedenheit der Welten und ihrer Wahrheiten scheinen einander auszuschließen,so daß sie nur nacheinander, aber nicht gleichzeitig, existieren können. Unser Denken bewegt sich entlang einer Linie, der Zeitlinie, und es ist für uns am Anfang schwer, uns in ein System hineinzudenken, in dem Gleichzeitigkeit mög-

lich ist. Dennoch ist gerade dieses Umdenken eine der wichtigsten und vorrangigsten Herausforderungen unserer Zeit, wenn wir zu innerem und äußerem Frieden kommen wollen.

Die innere Familie: Ahnungen und Ahnen

Wir können mit dem Umdenken beginnen, indem wir uns unsere innere Familie vorstellen. Dort existieren gleichzeitig mehrere Generationen. Das „innere Kind" ist durch die Transaktionsanalyse hinreichend bekannt geworden: es ist der Anteil in uns, der kindlich ist, in dem die Bedürfnisse aus der Kindheit liegen. Das „Eltern-Ich", wie es die Transaktionsanalyse nennt und das mit dem Über-Ich gleichgesetzt wird, erfreut sich in uns einer gewissen Autorität, wenngleich diese lange nicht mehr so stark ist wie vielleicht früher, als Autorität an sich noch nicht hinterfragt wurde. Das Ich der Person steht zwischen Eltern und Kindern, zwischen Trieben und sozialen Normen. Aber wo bleiben die Großeltern, wo bleiben die Ahnen? Wo bleibt die Ahnung, wie es über Triebbefriedigung und soziale Normerfüllung hinaus weitergehen könnte mit uns? Wo bleibt der visionäre Anteil, der aus dem großen Gedächtnis der Evolution schöpft und zu überraschenden Neukombinationen eines unübersehbaren Informationsmaterials kommt? Wo bleiben die Hoffnung, der Glaube, die Liebe? Wo bleibt die Religion?

Sicher, es gibt in der Tiefenpsychologie C.G. Jungs den Hinweis auf den Archetyp des Senex, des guten Alten, der uns auch in den Märchen begegnet. Aber der Schrecken der jüngsten Vergangenheit, das Grauen des Holocausts, der Vorwurf der Totgeschwiegenen hat uns vorsichtig gemacht. Besonders der Mißbrauch der Mythologie durch die NS-Propaganda hat uns den unbekümmerten Gebrauch des Wortes „Ahne" verstellt, und die geistige Bereitschaft des einzelnen, sich in eine Reihe der Ahnen einzuordnen, ist in unserer Zivilisation kaum anzutreffen. Ebenso ist die Freude am Begreifen historischer Zusammenhänge selten geworden. Um so mehr entsteht das Bedürfnis nach Beteiligung und Zugehörigkeit, nach Einordnung, um einen Platz für sich zu finden. Wir brauchen aber Symbole und konkrete Erfahrungen, um auf diese Bedürfnisse antworten zu können. Wir brauchen Gestalten, die uns das Älterwerden vermitteln, die uns die positiven Seiten deutlich machen.

In Brasilien traf ich auf einen Gott, der nicht perfekt ist. Es handelt sich um Oshala oder Obatala, wie er in der Yoruba-Sprache genannt wird. Er ist alt, aber er ist nicht weise. Er lernt dazu. Er ist krank und schwach, aber er stirbt noch lange nicht, weil es noch so viel gibt, was er lernen könnte. Alter und Krankheit haben ihn mürbe gemacht, dazu kommt die Einsicht in die eigenen Fehler. Er ist aber keine Büßergestalt. Er hat Würde. Er bewahrt die Erinnerung an alle seine Chancen und Möglichkeiten und an all die Zeiten, da er sie vertan hat. Und immer wieder eine Chance bekam, eine Möglichkeit fand, und immer wieder die Lösung verfehlte, in einigen Fällen sogar verschlief. Jetzt ist er hellwach, aber entspannt. Ganz offen. Wann immer ich große alte Persönlichkeiten kennenlerne und mein eigenes Älterwerden an ihrem Leben messe, dann fällt mir diese Qualität Obatalas auf: hellwach, entspannt, ganz offen.

Arbeiten mit Zeitstrukturen

Die Zeit: ein Punkt, eine Linie, ein Raum, ein Alter

Wir leben in der Zeit, wir leben mit der Zeit. Und dennoch bleibt sie uns oft unbegreifbar. Und plötzlich müssen wir feststellen, daß wir älter geworden sind.
Hat jemand je die Zeit gehört, geschmeckt, gesehen, gerochen, ertastet? Die Zeit ist im Kopf, wird gedacht, ist eine Konstruktion. Jedoch wird sie in verschiedenen Arten konstruiert, denn wir unterscheiden zwischen dem Zeitpunkt, der Zeitlinie (ein in der Umgangssprache unüblicher Ausdruck, der veranschaulichen will, nach welchem Prinzip unsere chronologische Zeitmessung konstruiert ist), dem Zeitraum und dem Zeitalter.

In der Magie oder auch in der Astrologie wird etwa ein ganz bestimmter Zeitpunkt durch das Zusammentreffen verschiedener Faktoren und Kräfte bezeichnet und gewinnt dadurch praktische Bedeutung. Die kognitive Verhaltenstherapie arbeitet mit Zeitlinien: Zwischen dem Ausgangspunkt der Problemdiagnose und dem Endpunkt der therapeutischen Behandlung, von der die Bewältigung des Problems erwartet wird, liegt eine Strecke, entlang der sich der lineare Weg des Fortschritts vollzieht – oder auch nicht. Rückfälle, Ausweichmanöver, Flucht nach vorne etc. sind alles Strategien, auf dieser Zeitlinie Verhaltensweisen zu notieren. Man kann sie sich in ihrer ausweitenden Art wahrscheinlich am besten räumlich vorstellen: sie nähmen Raum ein, wenn man sie das tun ließe. Da die kognitive

Verhaltenstherapie jedoch auf kurzzeitig eintretende Erfolge ausgerichtet ist, bleibt weder Raum noch Zeit, um dies zuzulassen. So verlagern sich die Symptome oft in andere Bereiche (etwa körperliche) und suchen dort die ihnen zustehende Beachtung in den Kategorien von Raum und Zeit zu erlangen.

Die dem Menschen als lebendigem Organismus vielleicht am natürlichsten erscheinende Konstruktion ist die von Zeit als Raum. Im Zeitraum herrscht die Dreidimensionalität. Die objektive Vermessung ist darin verbunden mit dem subjektiven Faktor des Erlebens. Das Zeiterleben gibt die Tiefe in der Optik, gibt das Gefühl von Dauer und Kontinuum, das der Mensch braucht, um die Zeit nicht als Feind, sondern als Freund zu betrachten. Die Zeit als Feind ist jenes unersättliche Monstrum, das Sekunde für Sekunde der Lebenszeit in sich hineinschlingt und nicht wieder ausspuckt. Die Zeit als Freund ist ebenfalls eine Hungergestalt, insofern sie nie zu sättigen ist und immer hungrig bleibt nach Zeit. Aber sie ist ein Wesen, das verdaut und wiederkäut und etwas wiedergibt: es ist nicht Zeit, die uns nur zum Konsum zur Verfügung steht, sondern Zeit, die Anspruch erhebt, die gefüllt werden will. Es ist eine Zeit, die uns ein Gefühl von Sinn gibt: Lebenszeit, die sich erfüllt hat – oder auch nicht.

Um das individuelle Zeiterleben eines Menschen besser zu erfassen, sollten wir uns zuerst die konventionellen Zeitstrukturen der Kultur, in der wir leben, vor Augen führen.

Der Zeitpunkt

Wir sprechen von einem Zeitpunkt der Reife, wenn die Zeit gekommen ist. Die Zeit ist aber nicht in ihrem Aspekt der Fülle und der ungeahnten Möglichkeiten gekommen, sondern in Form einer Einengung und Zuspitzung, als ein

Punkt, hinter dem eine Notwendigkeit drängt: Es ist der Punkt, der die Not wendet. Das Gefühl, das sich meist mit einem solchen Zeitpunkt verbindet, ist also nicht das der Freiheit und des Reichtums, der seine Verwendung offen läßt, sondern das Gefühl, vom Leben oder vom Schicksal an diesen Punkt gebracht worden zu sein und sich nun mehr oder minder gezwungen zu sehen, auf diese Herausforderung zu antworten. Die eigene Aktivität wird dabei oft als eingeschränkt erlebt. Es ist mehr ein passives Erleiden, was sich da vollzieht, und die einzige Chance wird oft darin gesehen, das kleinere Übel zu wählen. Im Zugzwang der sich unbewußt und uneinsehbar abwickelnden Ereignisse ist der kritische Zeitpunkt etwa nur das letzte Glied in einer Kette von Punkten, die auf einer unsichtbaren Linie gelegen haben müssen, aber erst rückblickend in ihrem größeren Zusammenhang, also als eine Linie von Verkettungen, gesehen werden können. Wie konnte es nur dazu kommen, fragen wir uns und versuchen die Linie, die zu dem Punkt führte, zurückzuverfolgen. Dabei kommt ein Punkt jedoch nur zustande als Kreuzung zweier Linien, so daß wir es mit mindestens zwei solcher Zeitlinien zu tun haben. Das macht den typischen Charakter des Zeitpunkts aus: Er wird als etwas erlebt, was von Außen an mich herantritt und mich in eine Dynamik involviert, die sich meinem Einfluß und meinem Willen entzieht.

Es gibt Zeitpunkte der Reife, der Entscheidung, der Not-Wende, des Wandels. Es gibt Zeitpunkte, die als Höhepunkte oder als Nullpunkte eingestuft werden im großen Spannungsbogen des Zeiterlebens. Es gibt Zeitpunkte des Neubeginns und Zeitpunkte des Abschieds. Es gibt den kritischen Zeitpunkt, an dem sich entscheidet, wie der Lauf der Ereignisse sich weiterhin gestalten wird.

Die Zeitlinie

Die Zeitlinie – ein Begriff, der übrigens eine sprachliche Neuschöpfung ist und den von Dilts geprägten englischen Begriff der „timeline" im Neurolinguistischen Programmieren wörtlich übersetzt –, ist zunächst eine Verbindung, die wir zwischen zwei Zeitpunkten ziehen. In der Verhaltenstherapie etwa ziehen wir eine Linie ab dem Zeitpunkt, da ein Problem sichtbar geworden ist und als solches angegangen werden soll. Nun wird ein Ziel angepeilt. Das kann eine kurzfristige Lösung des Problems sein, die wahrscheinlich nur vorläufig funktioniert. Es kann aber auch eine langfristige Heilung angepeilt werden. Wichtig ist jedoch, konkret zu werden und die guten Vorsätze nicht im leeren Raum stehenzulassen. Die guten Vorsätze bzw. die einzelnen Schritte des Heilungsprogramms müssen an einer Zeitlinie festgemacht werden, so daß zu jeder Zeit kontrolliert werden kann, ob Fortschritte gemacht wurden und ob die Schritte in die richtige Richtung führten.

„Der Weg zur Hölle ist gepflastert mit guten Vorsätzen", sagt ein Sprichwort. Die Verhaltenstherapie versucht mit genau dieser Einsicht zu arbeiten: Es hilft wenig, sich für einen unbestimmten Zeitraum der Zukunft viel vorzunehmen, wenn die Vergangenheit nicht analysiert wurde. Das Erkennen von Fehlern, ja sogar die Annerkennung mißglückter Heilungsversuche bringen nicht weiter, wenn der genaue Standpunkt in der Gegenwart nicht bestimmt wurde als eben eine Kreuzung mehrerer Einflüsse und wenn somit die Zukunft als offenes Feld, in dem alles möglich ist, fehl eingeschätzt wird.

Es hilft wenig, sich extreme Hoffnung auf radikalen Wandel zu machen, denn je mehr der Himmel angepeilt wird, desto mehr besteht die Gefahr, genau im Gegenteil, in der Hölle zu landen. Denn darin sind sich Himmel und Hölle gleich: sie sind Extreme. Und wie wir bei der Behandlung der Zeiträume sehen werden, sind sie im Bewußtsein keine Punkte und auch keine Wege, sondern Räume. Das Arbeiten mit Zeitlinien hat im Gegensatz zu dem Arbeiten mit Zeiträumen den Vorteil, daß jeder Schritt in der Entwicklung einen eigenen Punkt für sich auf der Linie des Weges darstellt und getrennt von allen anderen Punkten ist, wenngleich der große Zusammenhang des angepeilten Ziels die Linie zum Weg macht und die einzelnen Punkte zusammenhält. Diese Trennung der einzelnen Punkte erlaubt eine „vernünftige" Vorgehensweise: Nicht zuviel und nicht zuwenig wird verlangt, eben Schritt für Schritt wird vorgegangen und der Anspruch Stück für Stück erfüllt. Die Annäherung an das Ziel geschieht langsam und kontinuierlich.

Aber da liegt auch der Nachteil: Eine solche Annäherung erfordert gleichermaßen Geduld und Frustrationstoleranz, was nicht jeder hat. Der Weg der kleinen Fortschritte ist lange nicht so aufregend oder anregend wie der endzeitliche Sprung in das ganz andere, in ein neues Land, wie es die Zeit als Raum oder sogar als Ära und Epoche verheißt. Und bei aller Vernunft wird eine Therapie, die sich ausschließlich auf die Einsicht verläßt, immer wieder an mangelnder Motivation scheitern. Die Einsicht allein kann den großen Zusammenhang der einzelnen Zwischenschritte oft nicht herstellen oder nicht aufrechterhalten, es fehlt an Spannung, an Neugier und Interesse, die Materie des Lernstoffs erscheint trocken. Die Sehnsucht, in Fluß zu kommen, lenkt ab. Hier ist das Arbeiten mit den Zeiträumen angesagt.

Der Zeitraum

Der Zeitraum verbindet und integriert die vereinzelten Zeitpunkte. Der Zeitraum vermittelt ein Gefühl von Dauer und dieses wiederum Ruhe und Frieden. Im Zeitraum kann sich die Zeit sammeln wie das Grundwasser in der Tiefe, das in einer Quelle erneut wieder an die Oberfläche tritt. Himmel und Hölle sind Orte, die zur Heimat werden können. Es sind Zustände, in denen die Zeit nicht mehr trennt, sondern verbindet: Endzustände, die wie Gefäße, wie Schalen alle Erfahrungen in sich aufnehmen. Es entsteht ein Gefühl der Integration, der Identität, das anstelle der Zerrissenheit durch eine linear kausale Zeitfolge tritt. Es entsteht ein Kontinuum, eine Atmosphäre, eine Qualität, die sehr konkret und sehr plastisch erlebt wird als Basis, die trägt und Vertrauen erzeugt.

Anstelle des alltäglichen Bewußtsein, das die Zeit als trennend erlebt, tritt ein verändertes, ein nicht-alltägliches Bewußtsein von einer Zeit, die verbindet. Einerseits wird Zeit überhaupt aufgehoben, und es wird ein Gefühl der Zeitlosigkeit vermerkt, andererseits wird mit anderen Menschen geteilter Zeitraum als Erlebnis tiefer Verbundenheit beschrieben, als habe er eine Art Überkörper oder Gruppenkörper erschaffen, indem die Teilnehmer des Geschehens vereint waren. Dieses nicht-alltägliche Erleben einer sich verräumlichenden Zeit ist der Raum, in dem Symbole ihre Verbindlichkeit gewinnen und Rituale wirksam werden. Es ist der Raum der Magie, in dem die Wirklichkeit im Augenblick erschaffen wird und sich wie ein gewebter Teppich ausbreitet, so wie ein Text entworfen wird. Gruppenzusammenhalt ebenso wie der extreme Fall der Massenpsychose setzen eine solche Textur voraus: Der gemeinsame Nenner ist das Dasein in der Zeit, die jedoch nicht Punkt oder Weg, sondern Raum ist.

Das Zeitalter

Im Zeitalter erweitert sich der Zeitraum über eine ganze Ära oder Epoche. Aber es ist nicht unbedingt die Quantität, die Anzahl der Jahre, die einen Zeitraum von einem Zeitalter unterscheiden. Heute lösen sich die Epochen so schnell ab wie vielleicht noch nie zuvor in der Geschichte.

Trotzdem bleibt dem Zeitalter sein eigentümlicher Charakter einer ahistorischen Zeitlosigkeit erhalten. Auch die Sehnsucht nach dem Aussteigen aus der chronologischen Geschichte ist in heutiger Zeit vielleicht ebenso groß wie damals im antiken Rom, als zum erstenmal die Theorie, mehr Mythos und Wunschdenken als Geschichtsschreibung, formuliert wurde. Es wurde zwischen dem Goldenen, dem Silbernen und dem Eisernen Zeitalter unterschieden, wobei natürlich das letzte das schlechteste war. Mit dieser Theorie der Zeitalter verband sich die Hoffnung auf die Rückkehr des besten Zeitalters, das dem Niedergang ein Ende machen sollte. Diese endzeitlichen Visionen eines besseren, eines idealen Zeitalters in der Urgeschichte menschlicher Erinnerung, das in der Zukunft wiederkehren soll, ist eine der großen Sehnsüchte, die sich mit dem Begriff des Zeitalters verbinden.

Das letzte endzeitliche Reich, das tausend Jahre währen sollte, aber nur zwölf Jahre dauerte, war das Dritte Reich des Nationalsozialismus. Da viele Menschen, die heute krisenhaft Lebensmitte und Alter erleben, noch direkt oder indirekt den kollektiven Wahn des Dritten Reiches miterlebt haben, ist dieses Zeiterleben des Zeitalters durchaus aktuell. In jüngster Zeit haben wir auch den Niedergang anderer Zeitalter hautnah miterlebt und sind Zeugen eines historischen Wandels geworden, der zumindest das Ende einer Ära festsetzte: so etwa das Ende des Kalten Krieges, das Ende des Sozialismus, das Ende der Sowjetunion. Es läßt sich dabei beobachten, wie sehr das Zeitalter, und sei es noch so erschreckend in seinen Implikationen und Auswirkungen, dem Menschen einen Lebensraum und eine Heimat anbietet.

Und es ist nicht wahr, was das Sprichwort sagt: daß nämlich ein Ende mit Schrecken besser sei als ein Schrecken ohne Ende. Gerade die Sehnsucht nach der Unendlichkeit, eben nach der Aufhebung der Zeit und ihrer chronologischen Geschichte, liefert Ideologien den nötigen Zuwachs an Begeisterung, so daß sie sich im kollektiven Unbewußten verankern können. Wenn wir dieser Sehnsucht nach Zeitlosigkeit und der existentiellen Verunsicherung bei der Frustration dieses Wunsches nicht Rechnung tragen, werden wir einem wichtigen Zeiterleben des Menschen nicht gerecht. Denn im Zeitalter fühlt sich der Mensch nicht nur verbunden mit dem zeitlosen Ewigen, das die eigene Sterblichkeit überscheint, sondern auch mit dem Zeitgeist, der die Individuuen vereint und erhöht, ihnen das Gefühl gibt, an etwas Höherem und Größeren teilzuhaben. Das individuelle Erleben der verräumlichten Zeit, die als „nacktes Maß" aufgehoben ist, wird noch erweitert um das Erleben, in unmittelbarem Kontakt mit dem kollektiven Unbewußten, mit kollektiven Vorstellungen, Ideen, Visionen zu sein. Teilhaber eines Zeitalters zu sein, erweitert das verengte Ich-Gefühl zu einem Wir-Selbst, das die Geschichte erschafft.

Heilende Durchgänge durch Zeitpunkt, Zeitraum und Zeitalter

Im Christentum – also in unserer Kultur – gibt es eine Übung, die den Kreuzesstationen Christi nachgeht: Der Kreuzweg. Hier findet sich ein gutes Beispiel für einen äußeren Weg, der einen inneren Prozeß auslösen kann: Äußere Bewegung überträgt sich auf innere. Der Betrachter vollzieht im Anschauen der Leidensstationen Christi das Leiden nach. Im Betrachten kann sich ein Verständnis für die tiefere Bedeutung des Leidens entwickeln, vor allem dafür, wie das Werk Christi durch das Leiden hindurchführt zur Auferstehung. Ähnlich kann auch die innere Bewegung des Erleidens und der Erlösung nach außen gesetzt, ausgedrückt und als äußere Bewegung nachvollzogen werden. Es kann getanzt, gespielt, gesungen werden. In diesem Geschehen wird die Veränderung, die mit dem Leidenden geschieht, sichtbar und in den Zusammenhang des Leids gestellt. Passives Betrachten und aktives Nacherleben sind auf diese Weise heilende Durchgänge, deren Sinn darin besteht, den Menschen in einen Prozeß der Wandlung einzubauen.

Äußere Zeitpunkte, Linien der Entwicklung, Zeiträume und Zeitalter haben sich im Gedächtnis der Menschen ihren inneren Ort und Bereich gesucht und werden dort bewahrt. In den Ritualen der Traditionen wird die Würde, die durch die Erfahrungen der Ahnen und Götter, der großen Vorbilder und Vorgänger, wieder neu beschworen, indem die Inhalte des Erinnerten aus der Innenwelt des Gedächtnis herausgesetzt werden in die Außenwelt der symbolischen Handlung. Viele Rituale sind solche heilenden Durchgänge, in denen Zeitpunkte aufgesucht, Linien nachgeschritten, Zeiträume bewohnt und Zeitalter vermessen werden. Die „Nachgänger", die von den „Vorgängern" lernen möchten, wie sich heilende Durchgänge gestalten können, gehen stellvertretend für den tatsächlichen Bewußtseinsweg als Weg der inneren Entwicklung einen äußeren Weg ab. Zeitpunkte können markiert, Linien gezogen, Marksteine der Grenzen und Schwellen gesetzt, Bewohner eingesetzt und in ihren heilenden Aktionen nachgespielt werden.

Auch in unserer modernen entritualisierten Welt, die nur zu oft den Kontakt mit dem kollektiven Gedächtnis, seinen Werten und seiner Würde, verloren hat, können wir solche heilenden Durchgänge inszenieren. Sie werden dann nicht als kollektiv verankerte Rituale, sondern als individuelle Experimente mit äußerer und innerer Bewegung erfahren und müssen nichts von ihrer ursprünglichen Heilkraft verloren haben.

Heilung als Ganzwerdung lädt geradezu ein zu einer Bewegung, die die Ganzheit, das Ganze umfaßt: Welche Gestalt auch das Ganze haben mag, es kann umkreist und eingekreist, Stück für Stück abgegangen, als Raum durchgangen, als ein Wohnbereich mit all seinen Regeln und Riten umschritten werden. Wenn dieser innere Bereich sich im Außen gestaltet, können wir davon ausgehen, es wäre tatsächlich eine äußere Wirklichkeit. Und wir können dann näher darauf eingehen, tatsächlich in den Spielraum eintreten, um im Spiel zu erfahren, was die Bedingungen und Eigenarten dieses Raumes sind, und auf diese Weise können wir uns dessen bewußt werden. Heilende Durchgänge vermitteln somit ein Stück Weg in der Bewußtwerdung.

Heilender Durchgang durch einen Zeitpunkt

Einen ganz bestimmten Zeitpunkt aufzusuchen kann dann wichtig sein, wenn es darum geht, präzise Unterschiede herauszuarbeiten. Oft erleben wir die Tatsache, daß sich etwas verändert hat und jetzt anders ist als vorher, d. h. sich von dem Vergangenen unterscheidet, in einem Moment. Gewiß kann sich die Erkenntnis langsam vorbereiten, durch Ahnungen und Vermutungen vorarbeiten bis zu dem Augenblick, da das vorbewußte Wissen auftaucht und an die Oberfläche des Bewußtseins kommt, aber eben dieses Auftauchen und Erkennen geschieht mit einem Mal und zeigt sich als ganze Gestalt, die vor uns steht und sich zu erkennen gibt. Die Fähigkeit der Unterscheidung ist also für die Bewußtwerdung unerläßlich, da Unterschiede uns helfen, uns zu orientieren.

Ein solches Aha-Erlebnis prägt sich in der Erinnerung als ein Moment ein. Wenn man diesen Moment noch einmal im Bewußtsein aufzusucht und sich als Zeichen, Gestalt, Gedankenform, Körpergefühl, Bild, Klang, Geschmack,

Duft, als flüchtigen Eindruck vergegenwärtigt, so wird deutlich, was genau den Unterschied ausmachte. Wir werden uns fragen – nachspüren mehr als nachdenken –, nicht nur was den Unterschied damals ausmachte, sondern wie er zustande kam und sich dem Bewußtsein so sehr einprägte, daß er bis heute entscheidend in die Gegenwart hineinwirkt. Dabei wird sich zeigen, daß ein Punkt immer ein Kreuzungspunkt ist: Zwei Linien kreuzen sich und markieren sich gegenseitig, so daß sich ein Abdruck davon dem Bewußtsein eindrückt und als Eindruck bestehen bleibt. Das Verfolgen der Linien ist eine Möglichkeit, die Bedingungen für die Kreuzung herauszuarbeiten und somit mehr über das Zustandekommen des flüchtigen Eindrucks zu erfahren.

Der heilende Durchgang durch einen Zeitpunkt kann zum Beispiel wirken, wenn ein sogenannter blinder Fleck im Bewußtsein bzw. in der Erinnerung den Zugang zu wichtigen Erfahrungen verstellt. Im Falle einer 38jährigen Frau, die in der Therapie die Notwendigkeit eines Berufwechsels erarbeitet hatte, ging es darum, sich die Fähigkeit zum Wechseln und Neuanfangen zu vergegenwärtigen. So sagte sie von sich selbst: Ich kann das nicht. Rational gesehen war sie sich durchaus bewußt, daß sie sich schon mehrmals in ihrem Leben selbst bewiesen hatte, diese Fähigkeit zu besitzen und einzusetzen, aber rein gefühlsmäßig war ihr die Fähigkeit nicht gegenwärtig. Nun ging es also darum, auf der Linie mehrerer Kalenderjahre – auf einer sogenannten Zeitlinie – zurückzugehen, bis sie an den Punkt kam, da sie in ihrem jetzigen Beruf ganz neu anfing. Aber da war der Zeitpunkt der eigentlichen Entscheidung, neu anzufangen, schon vorbei. Sie mußte also noch weiter zurück in die Vergangenheit, zurück in eine Zeit, da sie, wie sie jetzt feststellte, sich in einem ähnlich unentschiedenen und unglücklichen Zustand befunden hatte wie heute. Damals hatte sie ähnliche Körperzustände der Beklemmung und unerklärliche Gefühle der Angst, obwohl rein äußerlich und rational gesehen ihre Existenz ebenfalls gesichert schien.

Wie war es zu dem entscheidenden Unterschied gekommen, was hatte die Veränderung eingeleitet, welche Kräfte und Beweggründe waren damals im Spiel? Um dies herauszubekommen, ließ sie sich auf ein Experiment ein: Entlang einer Linie (die etwa auf dem Boden markiert oder als Schnur ausgelegt sein kann) ging sie vor und zurück. Sie ging zwischen zwei Lebensabschnitten hin und her: zwischen der fernen Vergangenheit (zwischen ihrem 23. und 27. Lebensjahr), da sie keinen Beruf hatte und als Hausfrau mit ihrem Mann im Ausland lebte, und der näheren Vergangenheit (zwischen 28 und 38), da sie in ihre Heimat zurückgekehrt und sich beruflich eine eigene Existenz aufgebaut hatte. Irgendwo im Alter von 27, 28 Jahren mußte es einen bestimmten Zeitpunkt gegeben haben, wo die Weichen gestellt wurden für diesen ungeheuren Wechsel und Aufschwung, der zum Aufbau einer neuen Lebensperiode führte. Zunächst ging sie hin und her, vor und zurück, mit geschlossenen und offenen Augen, mit kleinen und großen Schritten, mit fließender Bewegung und im Staccato, ohne etwas besonders Auffallendes zu finden. Es schien ihr, sagte sie, als würde alles von selbst geschehen, ganz genauso, als säße sie in einem Zug und würde darin vorwärts getragen werden, ohne genau zu wissen, wohin er führe.

Um bei der Metapher der Zugfahrt zu bleiben, bot es sich nun an nachzufragen, wann der Augenblick gewesen war, da sie den Zug bestiegen hatte. Wieder ging sie vor und zurück auf der Linie und fragte sich: Sitze ich schon im Zug und ist der Zug schon abgefahren oder befinde ich mich noch in dem Zeitraum des Vorher? Nun zeichneten sich schon erste Unterschiede ab: Es war Frühsommer gewesen, der Garten in voller Blüte. Und da war ein Tag, ein besonderer Tag, an dem die Entscheidung gefallen war. Und dann fiel es ihr ein, während sie den Körper im Stand nur leicht vor und zurückschwanken ließ: Der Postbote hatte einen Brief gebracht, in dem sie vom Rechtsanwalt über ein Testament unterrichtet wurde. Sie erfuhr, daß das Schloß, in dem sie ihre Kindheit verbracht hatte, restlos verschuldet war und wußte von diesem Augenblick an, daß sie keine reiche Frau war, keine gute Partie darstellte und auch keine gesicherte Existenz besaß. Sie hätte das nie gedacht, aber sie hatte es immer geahnt, vielleicht sogar gewünscht, herbeigesehnt. Und nun war es soweit: plötzlich war sie sich sicher. Es hatte sich eine Notwendigkeit ergeben, und dankbar nahm sie sie als Chance war, dem bisherigen Leben, unter dessen unverbindlicher Freiheit sie eigentlich gelitten hatte, so schnell wie möglich zu entkommen. Noch an demselben Tag packte sie ihre Sachen und fuhr nach Hause, um die Angelegeneheiten der Erbschaft zu regeln, wie sie sagte, obwohl sie schon damals fühlte, daß sie nie mehr zurückkehren würde.

Die Linie der (inneren, als bedrückend unverbindlich erlebten) Freiheit war von der Linie der (äußeren, scheinbar schlechten) Notwendigkeit gekreuzt worden und ergab ein Gefühl der Befreiung, die irrationalerweise da einsetzte, wo die Notwendigkeit als Faktor ins Leben trat. Als Therapeutin formulierte ich diesen irrationalen Tatbestand in seiner Konsequenz auf den weiteren Lebensverlauf als Frage danach, wie viele Schulden als befreiende Notwendigkeit sie denn diesmal brauche, um sich selbst die Erlaubnis zu geben, wieder neu anzufangen. Diese Frage leitete über zum Bewußtwerden dessen, wie notwendig äußere Notwendigkeiten sind, wenn (noch) keine innere Bereitschaft besteht, das Leben selbst in die Hand zu nehmen und dafür Verantwortung zu übernehmen. Und damit waren wir schon einen guten Schritt weiter, denn nun war es nur eine Frage des nächsten Schrittes, wie sich eine bewußte Lebensgestaltung aufbauen könne.

Heilender Durchgang entlang einer Zeitlinie

Ein Schritt kommt selten allein. Aus ihm ergeben sich alle anderen Schritte, die zu einer Folge gehören, die der erste Schritt eingeleitet hat. Aber eben dieser erste Schritt fällt so schwer, denn obwohl er naheliegend, sogar das Nächstliegende ist, wird durch ihn eine Richtung eingerichtet, ein Kurs eingeschlagen, eine Linie bestimmt, Konsequenzen absehbar. Der Kurs wird zur Karriere, und diese läuft von selbst, sei sie positiv oder negativ, so daß es wieder erscheint, als würde da etwas laufen, auf das ich keinen Einfluß habe. Der Zug ist abgefahren oder fährt ab und ich mit ihm.

Ich fahre ab, sagt die umgangssprachliche Redewendung, wenn sie ein bestimmtes Suchtverhalten beschreiben will. Schon im ersten Schritt, der der nächste Schritt ist, zeichnet sich die ganze Karriere, der Verlauf der Fahrt, ab. Deshalb empfiehlt es sich besonders im Falle von Süchten, mit Zeitlinien, Karrieren, Zugfahrten, Einstiegsorten, Ausflugszielen und eventuell mit Zwischenstationen, die auf dem Weg liegen, zu experimentieren. Wieder ist die Zeitlinie durch eine Linie auf dem Boden markiert. Anfang und Ende sind festgelegt. Anfang und Einstiegsort ist das Jetzt, das problematisch ist, insofern die Gegenwart von einem Problem überschattet wird. Ende der Linie ist ein Ziel, das angepeilt wird. Das Ziel ist am Anfang immer die Lösung des Problems, wenngleich es sich im Verlaufe des Experiments herausstellen kann, daß das Problem ein anderes ist und sich das angepeilte Ziel verändert hat. Am Beispiel von suchthaftem Essen und Trinken (Fressen und Saufen) wird deutlich, daß das Experimentieren mit der Zeitlinie den Vorteil hat, dem anstehenden Wandel seine abschreckende Totalität zu nehmen und die totale Verwandlung umzumünzen in eine Wandlung, die sich schrittweise vollzieht.

Nicht umsonst sagen die Anonymen Alkoholiker, daß es schon reicht, sich für einen halben Tag vorzunehmen, keinen Tropfen zu trinken. Dieser nächste Schritt ist übersehbar und lädt wiederum dazu ein, den ersten Schritt zu machen. Gerade wenn Essen und Trinken zwar schon zur Sucht geworden sind, jedoch noch nicht körperlich süchtig gemacht haben, sind die Chancen gut, mit jedem Schritt die Annäherung an das Ziel körperlich zu spüren und als Erfolg zu verbuchen. Mit jedem Schritt bzw. mit jedem Bissen und jedem Schluck kann der Unterschied zwischen Genug und Zuviel bemessen werden und sich so ein neues Maß ergeben. Am eigenen Leibe wird so ein Maß erfahren, das seine persönliche Richtigkeit hat und stimmt: Mit jedem Punkt auf der Zeitlinie, jedem Augenblick, jedem Schritt, Schluck oder Bissen wird das Gefühl für eine Mäßigkeit bestätigt, die zwischen Sättigung und Völlerei, zwischen Stimulation und Exzeß unterscheiden kann. Oft reagiert der Körper sehr sensibel auf den einen Schritt, der in die falsche Richtung führt, auf den einen Schluck oder Bissen zuviel, der aus der Karriere des gesunden Maßes herausschleudert und die Weichen für eine Karriere der Sucht stellt. Es reicht, auf den Körper zu hören, in das Körpergefühl, die Befindlichkeit des Augenblicks hineinzuspüren, um zu wissen, auf welcher Linie man sich befindet.

Das Experiment mit der Zeitlinie würde sich etwa so gestalten wie im Falle einer 45jährigen Frau, die erschrocken feststellt, daß sie suchtgefährdet ist und droht, zur Trinkerin zu werden, wenn sich nicht etwas Entscheidendes in ihrem Leben verändert. Zudem hat sie bemerkt, daß die Quantitäten von Alkohol, die sie bislang gewohnt war zu sich zu nehmen, nun plötzlich körperliche Zeichen setzen. Bislang wertete sie jedoch die Tränensäcke, die sich nach durchsoffenen Nächten unter ihren Augen bildeten, als Anzeichen für ihr Altwerden und nicht als gesunde Reaktion ihres Körpers, dem Alkohol nicht mehr in diesem

Maße zuträglich war. Die Gifte können mit dem Älterwerden und vor allem bei Frauen nicht mehr so leicht abgebaut werden, und die schädigende Wirkung zeigt sich schneller und sehr deutlich.

Im Experiment mit der Zeitlinie bot sich an, zunächst die Karriere einer alternden Trinkerin nachzuspielen, d.h. von der Gegenwart ausgehend eine Linie zu ziehen, die direkt in das Endstadium führt. Es war erstaunlich, welche schauspielerischen Talente durch diese Aufgabe gefördert wurden, wobei jedoch der typische Fehler der Suchtstruktur offensichtlich wurde, denn jeder Schritt endete schon im Endstadium, und es gab keine Zwischenschritte. Dieser Fehler, der hier abschreckende Wirkung haben kann und dadurch dazu beitragen kann, sich wirklich verändern zu wollen, ist jedoch bei der positiven Karriere des schrittweisen Entzugs hinderlich, insofern das Ziel als der nächste Schritt angepeilt wird, etwa in der Form, ab morgen für immer zu trinken aufzuhören. Das Endstadium des Fürimmerniewieder bleibt letztlich unverbunden mit dem Ausgangsort des gegenwärtigen Zuviel des Guten. Die Zwischenschritte, die unterscheiden, wieviel des Guten gut und wieviel zuviel ist, bleiben unterschlagen, der Anspruch auf radikale Änderung wirkt wie ein Keulenschlag, setzt den guten Willen gleich schachmatt. Und so entfaltet die Sucht wie gewohnt die ihr eigene Sogwirkung, von der wir im nachhinein sagen, daß so eben das Leben sei und seinen Lauf gehe, ähnlich wie die Geschichte ihren Gang.

In diesem Experiment jedoch wurde eine zweite Karriere in Form einer zweiten Linie in die Zukunft hineingezeichnet, und diese Karriere hieß: die Karriere aus freien Stücken. Mit jedem Schritt wurde das dazugehörige Körpergefühl in seiner Richtigkeit, Stimmigkeit, in seinem verträglichen Maß und der gesunden Mäßigkeit ausagiert und damit überprüft, was dann letztendlich zur Heilung führen sollte.

Das Ausspielen der Rolle „alternde Trinkerin" faszinierte die Frau so sehr, daß sie gar nicht mehr in den „Normalzustand" der Gegenwart kommen mochte. Sie fühlte sich nur in der Rolle „so richtig lebendig", so „richtig mitten im Leben". Und tatsächlich veränderte sich ihre Haltung, wurde leger bis lasziv, die rigide Starre und Kontrolle fiel ab von ihr, und sie entwickelte einen tänzerischen Schritt, mit dem sie in Schlaufen, Schlieren und sich immer wiederholenden Achtern vor mir herumkurvte. „So kratze ich die Kurve", sagte sie, „mein ganzes Leben ist eine einzige Kurve, und ich sitze darin und fahre Achterbahn, Achterbahn!" Ihre Stimme war kehlig, rauchig und hatte etwas sehr Erfahrenes. Sie fühlte sich „mit allen Wassern gewaschen und und allem gewachsen". Sie beschrieb den Stolz auf ihre Trinkfestigkeit als ein Körpergefühl der Standfestigkeit, wobei sie wie ein Matrose auf Deck breitbeinig durch das Zimmer schlingerte. Nun sollte sie darauf verzichten, wenn sie mit dem Trinken aufhörte und trocken würde. Plötzlich erschien ihr ein solches trockenes Leben ohne jeden Reiz, so daß sie es sich gar nicht vorstellen konnte, wofür es sich lohnen würde, ein solches Leben zu leben. Eine gute Frage, die ich an sie zurück gab. Warum war sie hier und versuchte ihr Trinkerproblem zu bearbeiten, eventuell sogar zu verändern? Warum opferte sie Zeit, Geld und weitere Gedanken an etwas, was sie sowieso nicht als lebenswert betrachtete. „Die Gesundheit", seufzte sie und schob es auf ihren Arzt, der sie überwiesen hatte. „Die Leber", meinte sie resigniert, „sie tut's eben nicht mehr." Ich wies sie darauf hin, daß die Leber genau das tat, was man von der Leber einer alternden Trinkerin erwarten konnte. Also war sie stolz auf ihre Leber, war stolz auf das Werk der Selbstzerstörung, das der Körper dokumentierte. „Soweit ist es mit mir gekommen!" nannte sie auf meine

Bitte den Zustand, indem sie sich jetzt befand (ohne getrunken zu haben), als wäre es ein Bild mit Titel.

Ich bat sie nun, sich ein Leben ohne Trinken vorzustellen und es mir vorzuspielen. Tastend ging sie auf der Zeitlinie, die die andere Karriere der „Heilung" darstellen sollte, vorwärts, und dann war sie „drin". Sie war im Zeitraum der Heilung. Sie hatte es geschafft. Sie trank nicht mehr, und es fehlte ihr auch nicht mehr. Sie trank ab und zu, aber nie mehr, als es ihr bzw. ihrer Leber bekam. Sie konnte aufhören, sobald ihr Körper, ihr Gesicht ihr eine Rückmeldung gab über jenes typische Körpergefühl des Aufschwellens, Aufgedunsenseins, der Vernebelung. Sie hatte also durchaus teil an der Möglichkeit, weiter zu trinken, also „richtig zu saufen und nicht mehr aufzuhören", aber sie zog es in diesem Zustand vor, am Rande des Teichs zu stehen und die „Fische im Aquarium vorbeischwimmen zu sehen."

Wir hatten nun mehrere Rollen, mehrere Figuren zur Verfügung. Da war die Leber, die es nicht mehr tat: aufgeschwollen, unfähig, weitere Gifte zu verarbeiten, passiv, hilflos, rezeptiv. Irgendwo war sie aber auch reizvoll, verführerisch, lasziv, eventuell ausgestattet mit der Faszination, die Opfer immer schon auf ihre Täter hatten. Und da war die Leber, die sich ärgerte und sehr deutlich „nein" und „stopp" und „das reicht" schrie. Eine ziemlich wütende Leber, die vor lauter Ärger krank wurde und es einem zeigte, daß sich die Zeiten geändert hatten. Da waren auch der trinkfeste Seeman, breitbeinig, wohl meinend, er habe alles das unter Kontrolle, was er offensichtlich nicht mehr unter Kontrolle hatte, und der Steuermann des Schiffes, auf dem sich der trinkfeste Matrose befand – er wurde von mir herbeigerufen, um sich zu der Frage zu äußern, wohin eigentlich diese abenteuerliche Seefahrt ginge. Und siehe, er hatte ein Ziel im Kopf, wenngleich es ihm unbekannt war, denn er wollte das Neue, er wollte Neuland finden.

Spätestens da war uns beiden klar, daß es nur der Beschwörung einer dieser Figuren bedurfte, um einen ganzen Zeitraum vor sich zu haben bzw. mitten in ihm drin zu sein, auch wenn dies die zeitliche Struktur eigentlich, d.h. logischerweiser nicht erlaubte. Daraus wurde ersichtlich bzw. erfahrbar, daß es erstens nicht unbedingt eine physisch zerstörte Leber brauchte, um in den Genuß des Lebensgefühls eines trink- und standfesten Matrosen auf schwankendem Grund zu kommen, und zweitens, daß das Arbeiten mit Zeiträumen ein Arbeiten mit Bewußtseinszuständen ist, die nicht logisch zugänglich, sozusagen rational herbeizudiktieren sind, daß es um eine seltsame Form von Erotik geht – eros war schon immer der Gegenspieler von Logos.

Der Eros in diesem Fall ist die Faszination. Und die Faszination erschafft, was ihr gefällt. Und die Schöpfung, die Konsequenz solcher phantastischer Produktionen, solcher Hirngespinste, könnte man auch sagen, ist: sich vorzustellen, daß man durchaus in solche Räume eintreten kann, ohne zu trinken, denn trinken macht die Leber müde und das Gehirn kaputt. Aus ist es mit der Produktion. In wissenschaftlicher Diktion würde das heißen: „Wer trinkt, ruiniert sein Hirn, und wer ein kaputtes Hirn hat, kann nicht mehr träumen." Na, wenn das kein Argument war! Der (von mir erfundene) Steuermann war begeistert, denn ihm ging es ja um Neuland, und dieses Neuland hatte immer nur in seinen Träumen existiert, und jetzt, da es darum gehen sollte, die Träume zu verwirklichen, spielte sich dieser blöde Matrose auf, als würde er etwas verstehen vom Navigieren. Nun mußte aber auch wieder zur Ehrenrettung des Matrosen gesagt werden, daß der Steuermann damals, als er Matrosen anwarb für sein ziemlich waghalsiges Unternehmen, auf solche Typen wie jenen Matrosen angewiesen war. Im Suff behauptete der nämlich, nichts zu fürchten, das war dem Steuermann gerade recht. Und jetzt auf hoher See spielte sich eine Konfrontation ab, die sich letztlich im Innenleben so manches Menschen und insbesondere der Frau in meiner Praxis abspielte, eine Konfrontation zwischen Matrose und Steuermann. Was war wichtiger? Das Unternehmen oder die Pose? Natürlich das Unternehmen, letztlich. Aber was war das für ein Unternehmen, dessen Ziel auf so einer blödsinnigen und unattraktiven Zeitlinie als Problemlösung eingezeichnet war? Stellte es sich nicht viemehr als Probe auf das Exempel heraus, als der Versuch, eine Vision zu verwirklichen? Jeder oder jede, die oder der jemals eine solche Probe unternommen, ein solches Risiko auf sich genommen, eine solche Gratwanderung zwischen logischer Realität und erotischer Traumwirklichkeit unternommen hat, wird sofort verstehen, wozu da eine Trink- und Standfestigkeit nötig ist. Sie ist überlebensnotwendig. Wie nur mit dem Problem umgehen, daß eine gesunde Leber ebenso gut ein Lebensgefühl der Trink- bzw. -Standfestigkeit vermitteln kann, eine Leber, die ihr Maß der Verträglichkeit kennt und anerkennt? Hier haben wir es eindeutig mit Rollenzuschreibungen zu tun. Sie sind Inkarnationen, Inkorporationen und letztlich Identifikationen, die Anspruch auf Identität erheben.

Das Problem ist, mit einer Identität werden bestimmte Körpergefühle, Daseinserfahrungen und Bewältigungsstrategien assoziiert. Und es ist sehr schwer, gegen den Strom der Gewohnheiten zu schwimmen und sich mit einer gesunden, für das rechte Maß verträglichen Leber zu identifizieren und gleichzeitig die Vorzüge eines unerschrockenen Matrosen für sich zu beanspruchen. Noch schwieriger ist es, den Matrosen nicht zu entlassen, auf hoher See über Bord zu werfen, sondern eine Unterhaltung zwischen Steuermann und Matrose zuzulassen.

Wie Sie mittlerweile gemerkt haben, befinden wir uns tatsächlich auf hoher See, und es gelten andere Gesetze als auf dem Festland. Richtig, wir oder besser Sie, wenn Sie mir bis hierhin gefolgt sind, befinden sich in tiefer Trance, denn Sie meinen tatsächlich, wir hätten es mit Matrosen und Steuermännern zu tun, wenn wir ein Trinkerproblem lösen wollten, und da haben Sie recht. Wenn wir in den Bereich der Vision und Lebenserwartung eines Menschen, in jenen Raum der fernen und nahen Wünsche, der Erwartungen, Hoffnungen, der Motvitation kommen, haben wir es tatsächlich mit allen möglichen Figuren zu tun, die diesen Bereich bewohnen. Sie sind in diesem Spiel zu Hause, sie kennen sich aus, es lohnt sich, ihnen zuzuhören, denn die Fragen sind immer dieselben: Hat es einen Sinn weiterzufahren? Gibt es überhaupt so etwas wie Neuland? Ist es überhaupt bewohnbar für uns Menschen? Etc., etc. Und diese Fragen wenden sich an Menschen, an Personen, vielleicht auch an personifizierte Kräfte, Götter, Heilige, Verbündete, Helfer, auch an Widersacher. Es geht um jene Bewohner des Zeitraums, mit denen wir in Kontakt treten müssen, wenn wir einen Zeitraum besetzen und uns zu eigen machen müssen, wenn wir ihn bewohnen oder vielleicht auch nur durchqueren wollen. Es sind Typen, denen nicht unbedingt etwas Persönliches anhaftet, jeder könnte ihnen begegnen. Ein Zeitraum definiert sich durch sie. Eros geht vor Logos, Begegnung hat den Vortritt vor präziser Erkenntnis dessen, worum es hier geht.

Heilende Durchgänge zu einem gegenwärtig verborgenen, einem unbewußten, vorbewußten, einem zukünfigen oder einem vergangenem Zeitraum bedeuten: Kontakt schaffen zu den Bewohnern. Das heißt: sich (also das Ich als Bewußtseinspräsident, der die Verhandlungen leiten wird) vorstellen, Intentionen klarmachen, Verhandlungen einleiten, Ziele definieren, Motivationen deklarieren etc., etc. und vor allem Vertrauen gewinnen, denn woher soll die Leber wissen, daß Standfestigkeit im Leben nicht unbedingt mit exzessivem Trinken verbunden ist?

Ich möchte betonen, daß der vorhergehende Fall sich nicht mit der Heilung von Alkoholismus befaßt, sondern verdeutlichen möchte, wie falsche Assoziationen und Vorstellungen ganze Lebensräume – in diesem Fall den Lebensraum einer alternden Trinkerin – bestimmen und dann in der tatsächlichen Verwirklichung Zeiträume der Zukunft entscheidend mitgestalten. Hier nur mit der Zeitlinie zu arbeiten würde uns die Möglichkeit des weiträumigen Kontaktmachens nehmen, ja es würde den Sinn und die Freude am Raum, am Spiel, am Spielraum nehmen und sich reduzieren auf ein trockenes Erarbeitens eines therapeutischen Ziels. Daß dies allzu oft nicht funktioniert bzw. auf die Dauer keine Lösung erbringt, können Therapeuten wie Klienten erzählen. Auch die Frage eines geheimen Lustgewinns durch das Symptom stellt sich erst im Rahmen eines ganzen Raumes. Erst dort erhält das Symptom eine Gestalt, vielleicht sogar eine personifizierte Gestalt, und eine Stimme. Zeitpunkte auf einer ziel-orientierten Zeitlinie werden allzu schnell und allzu sehr in Hinblick auf ihre Funktion durchschritten, so daß sie ihre Hintergründe, ihre verborgenen Ecken und Winkel, ihre blinden Flecken und schwarzen Löcher nicht zeigen können. Ein halber oder ein ganzer Tag im Leben einer Trinkerin (oder einer Person, die von sich das Bild einer Trinkerin hat) ist nicht genug Raum für das Drama, das gespielt wird.

Heilende Durchgänge durch die Zeit als Raum lassen uns erleben, daß wir die Zeit erschaffen, indem wir sie bewohnen, durchleben, mit Bedeutungen besetzen und so etwas wie Dauer herstellen. Dauer ist ein Gefühl, keine Tatsache. Und Dauer entsteht durch das Gefühl von Raum, innerhalb dessen etwas konstant bleibt und der ein Kontinuum erschafft. Kontinuierliche Betätigungen wie Wanderungen, langes Tanzen, Trommeln oder Rasseln sind die Basis vieler Rituale, wobei es darum geht, die Zeit als Raum zu eröffnen.

Ich erinnere mich an die Faszination, die die liturgischen Gesänge der katholischen Kirche in meiner Kindheit für mich hatten. Vor allem faszinierte mich der Passus: de aeternitas in aeternitatem, von Ewigkeit zu Ewigkeit, und ich fragte meinen Vater, wie es denn mehr als eine Ewigkeit geben könne. Erst in der Frage wurde mir die berauschende Wirkung dieser Vorstellung bewußt, wie sich da eine Ewigkeit erstreckte und erstreckte, nur um abgelöst zu werden von der nächsten. Und genau diese Ablösung machte so ein aufregendes Gefühl im Bauch, als würde ich ins Bodenlose fallen, bevor mich die nächste Ewigkeit wieder auffing und weitertrug. Mein Vater erzählte mir etwas von den Zeitaltern, eben jenen goldenen, silbernen, eisernen, und er sagte, daß in der Klassik diese Fast-Ewigkeiten Äonen geheißen hatten. Ich fragte weiter, ob sie heute noch existieren würden, jetzt, und ich sie spüren könnte, vielleicht sehen könnte durch eines der Instrumente der modernen Wissenschaft, wo man ja auch Atome und sonst alles mögliche sehen könne. Und mein Vater meinte kurz angebunden, Zeit sei und bliebe Zeit. Nur das, was die Menschen daraus machen würden, verändere sich.

Meine Mutter hingegen war da sehr viel anschaulicher, indem sie sagte, sie habe manchmal das Gefühl, sie habe nicht ein Leben, sondern mehrere. Und es waren offensichtlich nicht Lebensbereiche, also das Leben als Hausfrau, das Leben als Mutter, das Leben als Lehrerin gemeint, und nicht einmal das Leben mit dem ersten Mann im Unterschied zu dem Leben mit dem zweiten, und auch nicht Lebensräume als Zeiträume gemeint, also etwa Kindheit, Jugend, erste Ehe, zweite Ehe etc., sondern etwas innerhalb dessen sie jeweils ganz von einander verschiedene andere Identitäten gehabt hatte. Sie war in Amerika aufgewachsen, behütet, verwöhnt, im Vertrauen auf Recht und Ordnung.

Ihre Heirat führte sie in das Nachkriegsdeutschland, in dem alles innerlich wie äußerlich zerstört war, nichts war mehr sicher. Dann kam der Aufschwung, dann der Wohlstand, und dann schien wieder alles in Ordnung, aber ganz anders als im Amerika. Und als schließlich in den sechziger Jahren anläßlich des Vietnamkrieges eine Welle der Ablehnung der US-Politik über Europa ging, wußte sie nicht mehr, was sie davon halten sollte, zumal sie als demokratische und hilfsbereite Amerikanerin ein Volk zu vertreten glaubte, das Deutschland von den Nazis befreit hatte.

Wenn ich meiner Mutter zuhörte, konnte ich wirklich ein Gefühl für Zeitalter entwickeln, und sogar in meinem Leben schien es schon mehrere davon zu geben. Als Kind der Jahrhundertmitte nach dem Krieg geboren, war ich indirekt mit dem Horror des Vergangenen verbunden, ohne es durchlebt zu haben. Als Jugendliche in Westdeutschland war ich indirekt in Kontakt mit dem Osten, von dem ich nichts wußte, außer daß mich eine Mauer davon trennte. Fahrten durch die DDR nach Berlin-West ließen mich das Land aus der Perspektive des Zugfensters eher wie einen Traum erleben. Als ich das erstemal nach der Vereinigung durch die ehemalige „Zone" fuhr, hatte ich das Gefühl, hier ende ein Zeitalter, ginge in die Geschichte ein als solches und würde wieder zu neutraler Zeit. Es war die umgekehrte Erfahrung von der Zeitlosigkeit, wie sie manchmal in Trance auftritt und in der Zeit zu Raum wird: hier wurde Raum zu Zeit. Der Raum war eine Ära mit einer Ideologie, mit Uniformen, Gesetzen, mit einer bestimmten Sprache, mit typischen Farben, typischen Gerüchen gewesen, und nun war dieser Raum aufgelöst, das Theaterstück zu Ende, und die Zeit tickte unbeeindruckt entlang ihrer allgemein anerkannten, konventionellen Meßlinie des Kalenders.

Im therapeutischen Kontext haben wir es oft mit dem Abschied von einer Ära oder von dem Wechsel von einem Zeitalter zum andern zu tun: Im Grunde geht es um Anpassungsleistungen, die von uns fordern, uns mit den Konventionen der Gesellschaft, in der wir gerade leben, auseinanderzusetzen. Wir müssen anerkennen, daß wir alle in irgendeiner Weise eingebunden sind in diesen großen Rahmen bestimmter Zeiten, die uns in unseren Gedanken, Impulsen, in unserem Geschmack und in unserer Ethik beeinflussen. Je bewußter wir uns dieser Konditionierungen sind, desto mehr können wir über „freie Zeit" verfügen, indem wir die Gesellschaftstrance zwar kennen und mit ihr gehen, aber auch mit einem Teil unseres Bewußtseins Zeuge und unbeteiligter Beobachter sind. Diese Distanz gibt uns das Gefühl von Freiheit, von eigenem Raum, von eigener Zeit. Wenn wir ganz aufgehen in der Identität eines Angehörigen, der zu einem Zeitalter gehört, und wenn das Zeitalter selbst unsere einzige Heimat ist, dann können extreme Störungen auftreten, sobald sich die Zeiten verändern und sich neue Ausdrucksformen herausbilden.

In dem Ritual der heilenden Durchgänge könnte z.B. geübt werden, aus einem Zeitalter auszusteigen: Auf der Zeitlinie wird hin und her gegangen, bis der Punkt des Umbruchs erspürt wird. Von da an ist ein Zeitalter zu Ende. Ein neues hat sich noch nicht geformt, und es ist noch nicht klar, ob ich dazu gehören werde. Ich stehe vor dem Nichts, besser: vor der nackten Zeit, die wie ein Abgrund sich auftut oder auch wie ein leeres Blatt zum Schreiben auffordert.

So war es im Fall eines etwa 40jährigen Künstlers aus der Ex-DDR. Er war ein guter Musiker, ein Komponist, der auf die Versorgung durch den Staat rechnen konnte. Den Streß der Anpassung, dem seine Kollegen aus der BRD unterworfen waren, kannte er nicht, und er machte sich lustig über die aufgeblähte selbsteingenommene Haltung der Koryphäen von drüben. Kurz nach der Wende nahm er an einem Lebenstanz-Seminar teil und klagte darüber, er verstünde „das alles" nicht. Damit meinte er eine Verwirrung, die bei ihm dann eintrat, wenn er mit einer experimentellen Gestaltung seines Lebens konfrontiert wurde: Experimente machten für ihn keinen Sinn. Trotzdem wollte er sich das Neue des Westens nicht entgehen lassen und ging artig auf der Lebenslinie hin und her, von der Gegenwart zurück in die Kindheit, die Jugend, und wieder in die Gegenwart. Die Gegenwart wurde zu einem schwankenden Boden, je mehr er hin und her ging, und dann konnte er auf den Punkt genau feststellen, wo der Halt abbrach und der Abgrund anfing, nämlich genau zum Zeitpunkt des Termins, den er mit einer westdeutschen Plattenfirma vereinbart hatte. In „seinen" Zeiten war er anerkannt gewesen, aber nun, im Westen, konnte er nicht einmal als Vertreter „seiner Zeiten" auftreten, weil diese Zeiten aufgehört hatten zu existieren und kein Interesse daran bestand, an „jene Zeiten" erinnert zu werden. Dabei war er nicht einmal sehr parteipolitisch engagiert gewesen und hatte sich in seiner Arbeit als Musiker, wie er meinte, kaum von der Ideologie des Sozialismus abhängig gemacht. Und trotzdem waren „die Zeiten anders". Wie viele seiner Mitmenschen in Ostdeutschland war er in Gefahr, den Halt zu verlieren, keinen Sinn mehr im Leben zu sehen, zu verzweifeln.

Durch die formale Gestaltung des Rituals – die Form bestand einfach in einem Hingehen an den Rand des Abgrunds, in einem Ertasten einer möglichen Brücke, in dem Umgehen des Kraters, in dem Erspüren anderer Menschen, die an dieser Stelle gegenwärtig waren oder sowohl aus der Vergangenheit wie auch aus der Zukunft ihm entgegenkamen – wurde eine inhaltliche Diskussion vermieden und nur auf das Körpergefühl geachtet: was wirkte unterstützend, was gab Halt und Heimat, und was ließ den Boden schwankend, die Realität brüchig werden. Was ließ „ins Leere laufen" – eine Metapher, eine sehr passende Metapher für einen Zustand, der sich daraus ergibt zu handeln, „wenn die Zeit nicht reif ist."

In diesem Falle ergab sich als beste Lösung für das Problem der wechselnden Zeiten das ruhige und selbstbewußte Verharren auf dem unsicheren Terrain, das die Gegenwart darstellte. Es ergab sich ein Zurseitetreten statt des Drauflospreschens, ein Abwarten, das experimentell mit dem Rücken zur Zukunft erforscht wurde. Erstaunlicherweise war nun im Rücken nicht etwa Nichts, sondern es gab etwas, das neue Zeitalter. Aus diesem neuen Zeitalter kommend sah die gegenwärtige Lage nicht mehr so bedenklich aus, sondern hatte etwas geradezu nostalgisch Rührendes. „Unsere ersten Gehversuche in den neuen Zeiten", meinte der Künstler nicht ohne Spott und Wehmut. Seine Körperhaltung verriet einen Hinweis auf den Streß kommender Zeiten. Gleichzeitig sah er auch ganz zufrieden aus, selbstzufrieden nannte er es und nannte damit eine Eigenschaft, die er an seinen westlichen Kollegen immer so kritisiert hatte, weil sie nicht ganz „in der Sache selbst aufgingen."

Der Trauer über die Vergänglichkeit Raum und Ausdruck geben

Mit dem körperlichen Vorgang des Alterns und Sterbens verbindet sich die geistige Herausforderung, der eigenen Sterblichkeit ins Auge zu sehen. Das Ringen um ein Selbstbewußtsein, das sich über die Vergänglichkeit der Körpers erhaben weiß, bildet einen wichtigen Teil jeder Lebensgestaltung. Es ist der Versuch, die Grundangst vor dem Tode zu bewältigen. Darüber hinaus ist es das Bemühen, die emotionale Getriebenheit, ja, Besessenheit durch die Angst vor dem Tod in eine ekstatische Bejahung zu verwandeln, so kurz und flüchtig es auch sein mag. Es ist, als gäbe gerade der Tod dem Leben seinen eigentlichen Wert und mache die Intensität des Erlebens erst möglich. Deshalb ist es wichtig, Rituale zu entwickeln, die uns lehren, mit den diffusen Gefühlen von Angst, Wehmut, Unsicherheit und Bedrohung umzugehen.

Das „Gedenke des Todes", wie es im barocken Motto des „Memento mori" dargestellt wird, war ursprünglich für Mystiker und Ekstatiker eine Art Technik, sich der Kostbarkeit des Lebens neu bewußt zu werden und es mit jedem Augenblick zu feiern. Das Leben feiern hieß jedoch für sie nicht, an den irdischen Gütern und vergänglichen Werten festzuhalten, sondern mit dem Vorgang des Lebens und des Sterbens mitzugehen und in jedem Augenblick für den Tod bereit zu sein. Diese Bereitschaft darf jedoch nicht verwechselt werden mit einer Todessehnsucht, die aus Lebensekel und Weltverachtung entsteht. Auch darf das „Memento mori" nicht mißverstanden und mißbraucht werden als Instrument der Macht, das mit Hilfe von Entsetzen und Schrecken dazu eingesetzt werden kann, schwächere und weniger bewußte Menschen zu unterdrücken, wie das wohl oft in der Geschichte der kirchlichen Herrschaft geschehen sein mag.

In unserer Zeit und vor allem in unserer Zivilisation ist es nicht üblich, sich bewußt mit der Nähe des Todes auseinanderzusetzen. Nur manchmal steigen aus dem Unbewußten diffuse Ängste auf, die unter dem Begriff einer Urangst zusammengefaßt werden und eine genauere Erklärung ihrer Herkunft erübrigen. Ist es die Angst vor dem Leben, oder ist es die Angst vor dem Tod, oder ist es eine Angst, die uns jenseits von Leben und Tod erreicht und dieses seltsame Gefühl von Verengung und gleichzeitig von „Engführung" hervorruft? Es ist eine Angst ohne Grund, die uns anweht, eine Angst ohne Boden. Das Gefühl, wird es zugelassen, kommt einer Erschütterung gleich, die uns zittern, taumeln, wanken läßt. Es ist die Erfahrung des „Tremendum", des Erschütternden, das die tiefste und überzeugendste Erfahrung davon ist, daß es noch etwas anderes gibt als Leben und Sterben und daß dieses andere so anders ist, daß es nicht gedacht, nur gefühlt werden kann.

Manchmal, mitten im Alltag, weht uns ein solches Gefühl an. Gerade bei dem Erleben von großer Schönheit mischt sich der Freude dieser bittere Nebengeschmack unerklärlicher Verengung bei. Und weil es sich nicht erklären läßt, wird es aus dem Bewußtsein verbannt. Nur in Träumen, Ahnungen und sogenannt irrationalen Gemütsbewegungen wird sich die andere Seite unseres Daseins mit einer Tiefe und Gründlichkeit den Weg bahnen, die dann manchmal eine Krise oder sogar eine Katastrophe auslösen kann.

Ritual der Trauer über die Vergänglichkeit des Lebens

Der Trauer einen Raum geben kann zu einem sehr wichtigen Ritual werden, das in Fällen von Midlife-crisis am Anfang stehen sollte und auch für die Eigenbehandlung, für die tägliche Meditationspraxis ohne Gefahr benutzt werden kann. Es baut sich aus folgenden Schritten auf:

Das (als negativ bewertete) Gefühl etwa von Sinnlosigkeit, von Angst vor dem Tod, von Wehmut und Trauer über die Vergänglichkeit wird heraufbeschworen. Dies geschieht ganz bewußt und konzentriert, wenngleich wir uns erlauben, unsere Gedanken abschweifen zu lassen. Sie kehren immer wieder zu dem Thema zurück, zu diesem Gefühl, das uns mitten im Leben überrascht hat und das uns sofort wieder gegenwärtig wird, wenn wir es nur lassen.

Wir beobachten, wie dieses Gefühl entsteht und wie wir es in uns heraufbeschwören können. Sind es Bilder, sind es Erinnerungen, sind es Klänge, Gerüche, bestimmte Eindrücke, in denen unsere Sinne zusammenwirken? Sind es bestimmte Situationen, die uns an den Rand des gewöhnlichen Lebensgefühls heranführen an einen Abgrund, in den wir nicht hinab zu sehen wagen?

Wenn es uns nicht gelingt, das Gefühl zu beobachten, weil es sich auf Befehl nicht einstellen mag, dann greifen wir zu einer anderen Strategie der Vergegenwärtigung: Wir inszenieren ganz bewußt eine Situation, als würden wir eine Szene für ein Theaterstück oder Drehbuch schreiben. Und sollte uns nichts einfallen, was unwahrscheinlich ist, so können wir auf die Evergreens der klassischen Stimmungsmache zurückgreifen. So rufen z.B. Abschiedsszenen unweigerlich jenes Berührtsein und Zusammenzucken, dieses schmerzliche Zusammenziehen in der Magengegend hervor. Wir können beobachten, wie diese geradezu unwillkürlich einsetzende Reaktion auf unsere Gefühlsinszenierung antwortet und sie weiterführt, wenn wir dies zulassen. Doch meist brechen wir hier ab und verdrängen das schmerzliche Fühlen überhaupt. Wir machen uns fest und hart.

Doch jetzt lassen wir dieses Zusammenziehen geschehen, gehen mit, beobachten, wie unser Körper die Fähigkeit hat, einen Bewußtseinszustand auszuhalten und auszudrücken. Alles stellt sich auf das Gefühl ein wie auf einen Dirigenten, der ein Orchester dirigiert. Der ganze Körper spielt mit, zieht sich zusammen. Der Atem zeigt eine Tendenz anzuhalten, als wolle er die Zeit anhalten, die Welt anhalten, und wir verstehen, was der Atem für uns tut: er hält an, hält ein.

Und jetzt ist der Moment gekommen, in dem das Bewußtsein die Führung übernimmt und bewußt ausatmet, den unbewußt heraufbeschworenen Stillstand beendet und bewußt mit dem Fluß des natürlichen Atems mitgeht: Ausatmen, Leerwerden. Der Atem fließt weiter, das Leben geht weiter. Es öffnet sich ein neuer Raum: der Raum der Leere.

Dieser Raum der Leere mag uns bislang völlig unbekannt gewesen sein. Nicht daß er nicht da gewesen wäre –

er war schon immer da. Aber jetzt betreten wir ihn bewußt in jener kurzen Zwischenzeit zwischen Ausatmen und Einatmen. Wir erahnen, daß das Weiteratmen, Weiterleben nach dem Anhalten und Innehalten nach dem Schrecken und Entsetzen der „Engführung" uns durch das Bewußtwerden der eigenen Vergänglichkeit eine neue Lebendigkeit lehrt. Und wir nehmen diese zunächst wahr als ein neues Raumgefühl. Der Raum ist leer. Die Leere ist Raum. Ah – es tut gut, da hinein immer wieder und immer länger auszuatmen und dort zu sein, und sei es auch nur eine kurze Weile. Wir wissen, der Raum ist da.

Dieser neue entdeckte Raum, der eine neue Erfahrung und zugleich eine neue Lebensqualität repräsentiert, soll nun auch in unserem Alltag seinen Platz bekommen. Die Möglichkeiten der Erinnerung sind verschieden und sollten dem Geschmack des einzelnen entsprechen: es kann ein Bild, ein Foto, ein Kunstgegenstand oder auch ein Gegenstand aus der Natur sein, es kann eine bestimmte Musik sein, die wir ganz bewußt vielleicht einmal in der Woche spielen und uns Zeit nehmen, das Ritual der Trauer zu wiederholen, es kann eine Meditationspraxis des Stillsitzens, Schweigens und bewußten Atmens sein. Wichtig ist, daß es beim Trauerritual nicht bei der einmaligen Erfahrung bleibt, sondern daß die Trauer, begrenzt und bewußt, einen Raum in unserem Alltagsleben bekommt.

Klagegesang: Heilung durch Ausdruck

Diese Übung wird am besten im Sitzen gemacht. Die Beine sollten dabei bequem sein, damit Sie ganz nach innen gehen und sich wirklich auf die inneren Prozesse konzentrieren können. Sie sitzen also bequem und ohne Anspruch auf äußere Haltung, schließen die Augen, spüren in sich hinein. Sie erspüren den Innenraum als Raum im Körper, gerade so, als ob der Körper innen hohl wäre und nur mit dem Fließen des Atems sich anfüllen und entleeren würde. Sie konzentrieren sich auf Ihren Atem und begleiten ihn auf seinem Weg nach innen, nach außen. Sie spüren hinunter bis zu dem Teil des Körpers, der in Kontakt ist mit der Sitzfläche. Sie lassen Ihren Atem bis dort hinunterfließen und anstoßen am tiefsten Punkt. Sie lassen Ihren Atem ganz unten am Grunde ankommen und von dort wieder aufsteigen. Und es tut gut, sich ganz unten, in der Tiefe zu verankern. Es gibt Selbstbewußtsein und eine tiefe Ruhe. Sie tauchen in diese Ruhe und Tiefe ein.

Nun, mit weiterhin geschlossenen Augen, beugen Sie sich vor, nur ein wenig, aber ganz von unten aus beginnend. Es fühlt sich an, als würde dort unten alles beginnen, auch diese kleine Bewegung des Vorbeugens, die die ganze Wirbelsäule von dort ausgehend beeinflußt. Es ist ein kleines Kippen des Steißbeins, auf dem Sie sitzen, des Beckens, in dem Sie ruhen wie in einer Schale. Das leichte Kippen wird von dem Oberkörper sofort erkannt als eine viel größere Bewegung: Der Oberkörper wird sogleich seiner Schwere bewußt und zieht nach vorne, will weiter gehen, will nachgeben, weich werden, schmelzen, zusammenbrechen, die äußere Haltung der Vertikalen aufgeben, will rund werden, Kind werden, zurück in die Haltung des Fötus. Und Sie erlauben sich mit diesem Vorsacken mitzugehen, solange es bequem ist. Bleiben Sie in der vorgebeugten Haltung, atmen Sie in diese Haltung hinein, als würden Sie den Rest Ihres Lebens so verbringen, und versuchen Sie, sich damit vertraut zu machen. Achten Sie darauf, daß der Kopf entspannt hängen darf: Das Hängenlassen des Kopfes ist sehr wichtig bei dem Schmelzen, ins Fließenkommen und Nachgeben, das Ihr Bewußtsein nun wahrnimmt als etwas Urvertrautes, als etwas, was Sie sich schon lange, schon immer gewünscht haben, wonach Sie sich gesehnt haben: nun darf es da sein und sich ausdrücken.

Das Herz ausschütten: Der Ausdruck entsteht dadurch,

daß Sie nicht versacken in dieser zusammengesackten Haltung, sondern in ein Schwanken kommen, in ein Vor- und Rückschwanken, das wiegend und einlullend Ihnen erlaubt, immer wieder und immer mehr nachzugeben, sich mit dem Ausatmen nach vorne auszuschütten, leer zu werden. Mit jeder Bewegung darf Ihr Herz sich ausschütten und sich des tiefen Bedürfnisses danach bewußt werden.

Und nun, wenn Sie vertraut geworden sind mit diesem Ausdruck, der Ihrem tiefsten Bedürfnis entspricht und Ihnen zur zweiten Natur geworden ist, so daß Sie sich ein Leben ohne die Erlaubnis, die Sie Ihrem Herzen gegeben haben, weit und offen und berührbar zu sein, gar nicht mehr vorstellen können, dann öffnen Sie leicht die Lippen, lassen beim Ausatmen die Luft aus dem geöffneten Mund streichen, lassen dem Atem eine Stimme geben, was auch immer kommt, und horchen, was die Stimme ausdrückt. Zunächst mag es ein ein fast unhörbares Aus-Seufzen sein, ein Geräusch mehr als ein stimmlicher Ausdruck, und doch ein erster Ansatz dafür. Es kann zunächst nur ein Ausseufzen sein, das sich ganz natürlich und ohne besonderen Aufwand durch das Ausatmen ergibt. Aus dem ausseufzenden Ausatmen kann sich ein richtiger Seufzer entwickeln, der eine in sich geschlossene Form annimmt und richtig als Seufzer zu erkennen ist. Er kann länger und damit eindeutiger werden, er kann sich Raum und Zeit nehmen, er kann seinen Platz einnehmen in Ihrem Repertoire der Gewohnheiten.

Sie können sich angewöhnen, öfters tief auszuseufzen, um den angehaltenen Atem wieder fließen zu lassen und in eine tiefere Entspannung zu kommen. Und hat sich ein richtiger Seufzer erst einmal den Weg gebahnt, ist es möglich, ein ausgiebiges Stöhnen zuzulassen, das wiederum den Atem vertieft und verflüssigt. Auch der stimmliche Ausdruck wird selbstverständlicher, weniger brüchig, weniger ein Kratzen an der Oberfläche, ein Keuchen oder Krächzen, ein kurzatmiges Röcheln. Immer mehr spüren Sie in sich ein tiefes und kontinuierliches Summen, das Ihren Körper bis in alle Zellen erfaßt, und Sie spüren, daß dieses warme beruhigende Summen schon da ist, bevor Sie ihm einen Ton, eine Stimme geben. Und erst wenn das Stöhnen für Sie selbst richtig klingt und mit dem Brustton der Überzeugung aus Ihnen herausströmt, erst dann öffnen Sie den Mund und benutzen die Mundhöhle als Klangraum für einen vollen, satten Ton, der als offener Vokal, als A oder als O in den Raum hineintönt und in den Gesang überleitet.

Sie erleben, wie die Stimme die Möglichkeit hat, Raum und Zeit einzunehmen, wie sie sich verbreitet, verströmt, Fülle schafft. Dort wo bodenlose Leere uns abschreckte, lädt uns jetzt satte Fülle ein. Beobachten Sie diese Umwandlung, die Sie selbst hervorgebracht haben, und messen Sie ihr gebührende Beachtung zu. Erlauben Sie sich öfters, den Sinn und die Bedeutung im Leben hervorzurufen, wenn Sie im Leben Sinn und Bedeutung suchen.

Klagegebärde: Bewußtwerdung durch Ausdruck

Diese Übung kann die vorherige ersetzen oder daran anschließen, wenn Sie merken, daß der Umgang mit Ihrer Stimme und Ihrem stimmlichen Ausdruck Sie überfordert. Auch diese Übung geschieht im Sitzen, und es wichtig, daß Sie ganz bequem sitzen, damit Sie sich gut konzentrieren können. Vor Ihnen liegt ein Kissen, entweder auf dem Tisch, vor dem Sie sitzen, oder auf dem Boden. Es wird darum gehen, sehr entspannt mit leicht geballten Fäusten auf das Kissen einzuschlagen. Es ist jedoch kein wütendes Einschlagen, sondern mehr ein weiches Klopfen und Pochen, und jeder Schlag wird begleitet von einem Ausatmen, das Ihr Bewußtsein von innen nach außen, von oben nach unten führt. Deshalb ist es wichtig, sich zuerst wieder nur auf das Fließen des Atems zu konzentrieren und mit der Aufmerksamkeit mitzugehen, wohin auch immer der Atem Sie führt. Sie sitzen also bequem da, und wieder stellt sich ein leichtes Vor- und Rückschwanken ein, und wieder lassen Sie den Atem lang und tief werden und erlauben Ihrem Körper nachzugeben, weich zu werden, zu schmelzen. Aus der aufrechten Haltung wechseln Sie mit dem Ausatmen über in ein Nachgeben, in ein Vor- und Zusammensacken, aus dem Sie sich mit dem Atemholen wieder zurückholen in die aufrechte Haltung, nur um wieder nachzugeben, aufzugeben.

Aber das Aufgeben ist immer nur vorläufig, denn kaum sind sie angekommen in dem Zustand des Nachgebens und Aufgebens, meldet sich schon der Impuls, weiterzugehen in der Bewegungsabfolge, die Sie nach vorne und wieder zurück, nach oben aufrichtend, nach unten nachgebend, von innen nach außen abgebend und von Außen nach Innen aufnehmend, ausatmend, einatmend, ausatmend, einatmend weiter und weiter führt. Vielleicht erinnert Sie diese Bewegung an das Fluten der Brandung, das Heranrollen und Brechen der Wogen, das rieselnde Ausrollen der schäumenden Wellen, die zurückfließen, um sich erneut zu sammeln, heranzurollen, zu brechen. Beobachten Sie Ihr Ausatmen wie eine Welle, die sich irgendwo in Ihrem Inneren sammelt, Gestalt gewinnt, heranrollt, sich bricht und im Außen verströmt. Begleiten Sie diese Wellenbewegung mit einer Bewegung Ihrer Hand, die sich hebt und senkt, hebt und senkt und die dann, wenn Sie vertraut geworden sind mit dem Bewegungsfluß Ihres Atems, mit dem nächsten Ausatmen niederkommt auf das Kissen, als würde ein Tropfen sich sammeln, Gestalt gewinnen und fallen.

Jedes Aufkommen der Fäuste gleicht einem Abtropfen. Und mit jedem Tropfen, den Sie aus sich herausfallen und abtropfen lassen, wird Ihnen klarer, was Sie bislang bedrückte und belastete. Das mögen zunächst ganz banale Dinge sein, Störungen im Alltag, Hindernisse, Belastungen.

Aber auch wenn diese nach und nach aus Ihnen herausfließen und abtropfen dürfen, wird da immer noch ein bodenloser Grund sein, aus dem immer neu die Bewegung aufsteigt, von innen nach außen drängt, von oben nach unten. Es ist, als ob die Bewegung immer tiefer gehen, sich immer mehr dem Grund des Eigentlichen und Wesentlichen im Leben nähern wollte, auch da, wo schon lange keine bestimmten Inhalte mehr als Probleme, Fragen, Zweifel oder Störungen vorhanden sind.

Und es tut gut, sich diesem Grund zu nähern, der tiefer liegt als alle vereinzelten Gründe in der Welt. Es tut gut, ganz unten anzukommen, den tiefsten Punkt zu erreichen. Es gibt ein Gefühl von klärender Gründlichkeit, von Reinheit, Erleichterung, Befreiung. Sie merken, wie Ihr Atem selbst Ihnen darüber Rückmeldung gibt, indem er länger, tiefer und ruhiger geworden ist.

Sie können nun einen Schritt weitergehen und mit derselben Bewegung eine einzelne Silbe verbinden, etwa ein Pa oder Ba, wobei das Ba weich explodiert wie ein platschender Tropfen. Und dann wird aus dem Ba ein Da, wobei das D die Zunge anstoßen läßt am oberen Gaumen und die Artikulation eines Satzes vorbereitet. Und dieser Satz, der ebenfalls mit der Bewegung verbunden ist, beginnt mit „Das“. Jedesmal wenn Ihre Faust auf das Kissen auftrifft, lassen Sie den Satz als Ausruf aus sich herausströmen: „Das ist es!“ Sie können sich steigern, hineinsteigern in etwas, was mehr Form als Inhalt hat, indem sie weiter sagen: „Genau, das ist es!“ Und Sie werden merken, wie Ihre Bewegung zu einer Gebärde wird, die in sich selbst immer ausdrucksstärker und klarer wird. Es ist eigentlich keine Gebärde des Klagens allein mehr, sondern mehr eine Gebärde der Klärung und Befreiung.

Manchmal führt diese Verwandlung durch ein Stadium der Anklage hindurch, als würde es gut tun, zu wissen, daß das, was beklagt wird, eine Schuld ist, die Sie oder andere auf sich geladen haben, denn dann kann die Schuld auch wieder abgeladen werden und nun, in diesem Ausdruck der Klagegebärde Gestalt gewinnen, um abzutropfen, auszufließen. Achten Sie jedoch weniger auf die Inhalte der Anklage oder Selbstanklage als mehr auf das innere Geschehen des Klagens und Anklagens, das von innen nach außen immer mehr Gestalt annimmt und Sie dadurch befreit. Achten Sie darauf, daß die Ausrichtung dieser Übung ein Fließen von innen nach außen, von oben nach unten ist und bleibt. Konzentrieren Sie sich auf die Richtung, auf die Bewegung an sich, auf die Form, den Rhythmus. Konzentrieren Sie sich ganz darauf, als wäre es ein Tanz, der sich aus diesen Gebärden entwickelt. Beobachten Sie das Muster, nachdem sich der Tanz entfaltet, anerkennen Sie die Schönheit dieser Gestaltung, die aus Ihnen herauskommt.

Und dann, an einem bestimmten Punkt, spüren Sie einen Zustand der Sättigung, der sich einstellt, wenn sie die Vollkommenheit der Gestalt erreicht haben. Erlauben Sie sich, diese Sättigung, dieses Gefühl von Zufriedenheit und Abgeschlossenheit zu erleben. Erlauben Sie sich, den Frieden und die Ruhe danach zu spüren.

Der Kreislauf von Hoffnung und Verzweiflung

Diese Übung schließt unmittelbar an die vorherige an. Sie sitzen, Sie haben ein Kissen vor sich, und Sie schlagen mit leicht geballten Fäusten darauf ein. Es geht nun darum, mit diesem entspannten Schlagen weitere Sätze zu verbinden, die Sie ausprobieren. Beobachten Sie, wie Ihnen diese Sätze, diese kurzen Ausrufe über die Lippen kommen. Es sind Rufe der Hoffnung und der Verzweiflung. Es sind Ausrufe der Gewißheit, aber einer Gewißheit, die sich ständig wandelt.

Der erste Ausruf ist voller Sehnsucht, aber ohne Hoffnung: „Ach, wäre es so!" (erster Schlag). Dieser Ausruf gibt einen letzten verzweifelten Aufschwung, der in der Gewißheit endet: „Ist aber nicht so!" (zweiter Schlag). Nun könnten wir es dabei belassen, denn die tiefste Verzweiflung ist auch die tiefste Gewißheit, aber da meldet sich der Impuls, sich doch einmal aufzuraffen und das Wagnis einer Hoffnung einzugehen, so irrational sie auch sein mag, und alles im Körper sammelt Kräfte für die kleine Möglichkeit, daß es doch nicht so ist, wie es ist: „Könnte aber sein!" (dritter Schlag), und dann ein kurzes oder langes Stadium selbstgewisser Verblendung: „Es ist doch so!" Die Betonung liegt auf dem „doch" und gibt die nötige Verzögerung, um den Zustand der Hoffnung zu genießen, bevor sich das Rad weiterdreht und der Kreislauf von größter Hoffnung zu tiefster Verzweiflung führt. Natürlich können Sie die Sätze nach Belieben variieren, etwa dem „Ist aber so!" ein „Es ist auch immer so gewesen!" anfügen, ebenso wie Sie dem „Ist doch nicht so!" ein „Und ist es auch niemals gewesen!" folgen lassen können. Murmeln, plappern, brabbeln Sie vor sich hin, was Ihnen einfällt, aber bleiben Sie bei der vorgegebenen Reihenfolge des Kreislaufes, und bleiben Sie bei dem Wechsel zwischen größter Hoffnung und tiefster Verzweiflung, ohne die Gedankeninhalte, die Ihnen während der Übung in den Sinn kommen, genau wissen oder festhalten zu wollen.

Vieles geschieht hier auf der Ebene der Assoziation, aber das ist nicht der einzige Sinn der Übung. Es geht vor allem darum, in Fluß zu kommen und den Kreis als Kreislauf sich schließen zu lassen. Wenn der Kreis sich schließt, beschleunigt und verselbständigt sich der Wechsel. Die Übergänge werden fließend und selbstverständlich, es scheint ganz natürlich, daß das eine auf das andere folgt und alles sich ständig abwechselt. Oft stellt sich ein Gefühl für den Rhythmus des Auf und Ab, Hin und Her, das Rauf und Runter des Lebens ein, oft auch eine geradezu paradoxe Bewertung von Hoffnung und Verzweiflung, indem die selbstgewisse Hoffnung eigentlich verzweifelt ist und das Hinabtauchen in die Verzweiflung selbst erst wieder Anlaß zur Hoffnung gibt. Auch hat die Verselbständigung dieses emotionalen Kreislaufes etwas Beruhigendes an sich, denn sie läßt uns erfahren, daß keine Stimmung, kein Gemütszustand ohne sein krasses Gegenteil existieren kann, als würden die beiden Seiten sich gegenseitig bedingen und einander entsprechen. Der geschlossene Kreis des Kreislaufs fordert dazu auf, auszusteigen aus dem Karussell. Er läßt das Bedürfnis nach einem Raum aufkommen, der jenseits dieser Bewegungen einen Ort der Ruhe anbietet, wo wir zu uns selbst kommen können. Dieser Ort jenseits der Bewegungen scheint sich jedoch erst durch das Zulassen der Bewegungen aufzutun, es ist wie die Mitte eines Kreiselbildes, die erst durch die Bewegung des Kreiselns sich zeigt.

Diese Übung läßt sich natürlich auch stumm machen. Am Anfang, wenn die Bewegungswechsel noch ungewohnt sind, empfiehlt es sich, die Sätze als Ausdruck für bestimmte Verhaltensweisen zu nehmen. Gerade das Spielerische und Humorvolle an dieser Übung erlaubt eine heilende Distanz, die im wahrsten Sinne des Wortes heil, nämlich ganz macht. Indem wir erfahren, daß wir nicht nur aus Stimmungen, Launen und Gemütszuständen bestehen und durchaus in der Lage sind, andere Orte der Seelenlandschaft aufzusuchen, finden wir zu einer größeren Einheit, in die wir hineinwachsen können.

Gangarten zwischen Aufbruch und Zusammenbruch

Wir alle kennen „Gangarten des Lebens", aber meistens sind wir uns ihrer nicht bewußt. Wir entwickeln einen konkreten Gang und wissen nicht, wie wir in ihn hineingekommen sind. Wir haben eine bestimmte Lebensweise entwickelt und wissen nicht, woher sie eigentlich gekommen ist. Ebenso unbewußt vollzieht sich der Wechsel in die nächste Gangart und unmerklich verändert sich unser Schritt und unsere Lebensweise. Wir können vielleicht den Zeitpunkt angeben und vielleicht auch den Auslöser für die Veränderung angeben, also das Wann und Warum, aber das Wie bleibt uns letztlich rätselhaft. Das Know-How des eigentlichen Umschaltens, die Fähigkeit unseres Organismus, den Übergang organisch zu gestalten, unterliegt nur in geringem Maße unserem Willen und geschieht meist unwillkürlich, genauso wie ein erfahrener Fahrer von Gang zu Gang herunter- oder heraufschaltet, ohne dabei zu denken.

Unsere organische und vegetativ autonome Fähigkeit des Umschaltens erweist sich als eine lebenswichtige Fähigkeit, auf eine bestimmte Situation zu reagieren und sich passend zu ihr zu verhalten. Es ist eine Fähigkeit der Anpassung, und sie reguliert das Verhalten von selbst, wenn wir es zulassen. Unsere bewußte Reaktion besteht meist mehr im Abwehren, Verhindern, Blockieren als im Verstärken und Benutzen. In folgenden Übungen geht es einerseits darum, die verschiedenen Gangarten des Lebens und ihre Funktionen kennenzulernen, andererseits – und fast noch wichtiger – diese unsere organische Fähigkeit des Schaltens und Umschaltens anzuerkennen. Mit der Anerkennung kommt meist auch der richtige Gebrauch und Einsatz ebenso wie das achtsame Horchen auf Signale, die vom Organismus ausgesandt werden. Sie sind wertvolle Informationen für uns.

Ebenso wie in der vorhergehenden Übung handelt es sich auch hier um einen Kreislauf, d.h. die Gangarten sind in einer bestimmten Reihenfolge angeordnet und können mit einer Schrittfolge kombiniert werden. Am Anfang besteht oft das Bedürfnis, bei einer Gangart länger zu bleiben, bis der Körper sie ganz aufgenommen und sich zu eigen gemacht hat. Wichtig ist jedoch auch, die Anschlüsse zu üben, also den Übergang vom vorhergehenden zum nachfolgenden Gang, bis am Schluß auf jeden Schritt eine andere Gangart gesetzt wird und die vier Gangarten zu einer Schrittfolge von vier Schritten verbunden werden können. Dann entsteht mehr und mehr das Gefühl des Kreislaufes, der durchgangen wird.

Zusammenbrechen – Fallen, Fallschritt

Diese Gangart entspricht der Form des Tropfens: Der Tropfen geht mit der Schwerkraft, fällt formvollendet zu Boden, zerfällt, löst seine Form auf, sammelt sich als Grundwasser oder in einer Schale, die bereit steht.

Psychologische Funktion: Loslassen. Den vorhergehenden Zustand der Anspannung, der nun unerträglich geworden ist, beenden. Nachgeben, aufgeben. Idealer Übergang: nach dem Zusammenbruch eine Zuflucht aufsuchen, einen Ort, an dem man wachsen und sich regenerieren kann.

Durchhängen – Schlurfen

Diese Gangart entspricht der Form der Schale: die Schale nimmt auf und bewahrt ihren Inhalt, gibt ihm von außen Form. In ihr kann sich Dynamik entwickeln, aber sie selbst bleibt nur Gefäß.

Psychologische Funktion: Ruhe finden in sich selbst, sich zentrieren, regenerieren. Schonzeit und Inkubationsphase, in der etwas Neues entstehen und ausgebrütet werden kann.

Idealer Übergang: Der Impuls zum Aufbruch kommt von selbst, eben dann, wenn die Zeit reif ist – genauso wie der Keim in der Erde, die ihn bewahrt, zu wachsen und den Boden zu durchstoßen beginnt, wenn es Frühling wird.

Aufbrechen – Aufspringen

Diese Gangart entspricht der Form des Pfeils oder der Flamme: Pfeil oder Flamme überwinden die Schwerkraft. Die Flamme entzündet sich, leuchtet auf, der Pfeil trifft sein Ziel.

Psychologische Funktion: Innovation, Inspiration, Motivation.

Idealer Übergang: Es gibt ein Ziel, auf das sich der frische Bewegungsimpuls richten kann. Es gibt etwas, wofür es sich lohnt, sich zu verausgaben, zu entzünden, zu engagieren.

Durchstehen/-gehen/-halten/-ziehen – Schreiten

Diese Gangart entspricht der Form eines Bogens oder einer Brücke: Der Bogen hält gegen die Schwerkraft aus aufgrund seiner Konstruktion, in weitem Spannungsbogen erstreckt sich die Brücke und verbindet die Ufer.

Psychologische Funktion: seine ganze Kraft zur Verfügung stellen, die Spannkraft mit Durchhaltekraft verbinden und die Verwirklichung höchster Ziele anstreben, Wünsche und Träume wahr machen, sich Herausforderungen stellen und sie als Chancen zur Selbstverwirklichung und Eigengestaltung wahrnehmen. Natürlich kann dieser Zustand nicht für immer aufrecht erhalten werden, denn er erfordert eine Bündelung der Energien, die dem Organismus auf Dauer widersprechen. Dann ist es Zeit, zusammenzubrechen, nachzugeben, aufzugeben, und der Kreislauf beginnt aufs Neue.

Dieser Kreislauf läßt sich in der Außenwelt etwa in den Jahreszeiten erkennen. Und oft wurde er mit den verschiedenen Lebensaltern in Verbindung gebracht, wobei der Pfeil am Anfang steht und der Tropfen am Ende. Für uns aber ist es wichtig, den Kreislauf als innerpsychisches Geschehen zu betrachten, also als etwas, was unabhängig von außen sich von innen her reguliert und seiner eigenen Wege geht. Freilich mögen wichtige Impulse und Auslöser oder auch Störfaktoren von außen uns beeinflussen, aber Sinn der Übung ist, die Dynamik des Kreislaufes als innere Bewegung zu erfahren und auf sie vertrauen zu lernen.

Auch bei der nachfolgenden Übung des Lebenstanzes wird es für uns nützlich sein, verschiedene Gangarten zur Verfügung zu haben: einerseits um unser Leben in seiner Gestimmtheit zu erkennen, andrerseits um neue Optionen besser in Szene setzen zu können.

Der Tanz um die Lebenslinie

Der Tanz um die Lebenslinie

Die nun folgenden Übungen haben weniger mit dem Tanzen als mit einem neuen und vielleicht zunächst ungewohnten Angehen von Lebensproblematiken zu tun. Der Tanz als non-verbales Medium soll hier ein Instrument der Selbsterkenntnis sein, das auf eine Ebene der Erkenntnis führt, vor der wir sprachlos sind, und die oft den Worten verschlossen bleibt. Diese Ebene, die ich die Es-Ebene nennen will, entzieht sich der logischen Folgerung, der kausalen Nachrechnung, der funktionalen Bewertung. Die Es-Ebene ist die Ebene, die vorbewußt immer in unseren Prozessen der Bewußtwerdung mitschwingt, sozusagen den Humus und Nährboden bildet, aber selten als solche anerkannt, ja überhaupt erkannt wird. Alle Prozesse der Heilung, die Prozesse der Ganzwerdung sind, müssen aber diese Ebene miteinbeziehen, die hier auch die Weisheit des Körpers, die Kunst der Selbstorganisation, der autonomen Reflexe und Impulse, des Urvertrauens und des Lebensgefühls von Authentizität, kurz gesagt: alle jene Basisgefühle von Angenommen- und Verwurzeltsein, die einem Menschen das Leben lebenswert machen, begründen. Wie Sie bestimmt selbst erfahren haben, läßt sich ein Gefühl von Sinnlosigkeit nicht wegdiskutieren. Gegen Verzweiflung gibt es keine Argumente, und gegen Entfremdung ebenfalls nicht. Sinnlosigkeit, Entfremdung und Verzweiflung gründen in der Es-Ebene, wo offensichtlich etwas fehlt. Was das ist, kann nur auf derselben Ebene erkannt, gespürt und eventuell erarbeitet werden.

Wenn wir nun mit, auf und um die Lebenslinie tanzen werden, so heißt das nichts anderes, als daß wir die Lebenslinie als rudimentäre Ausrichtung in der Seelenlandschaft unseres Lebens nehmen, um verschiedenen Bereiche aufzusuchen und dort die notwendige Arbeit der Heilung verrichten. Im Medium des Tanzes liegt immer etwas Spielerisches, das improvisieren, neu erfinden und umstellen erlaubt. Statt des gewohnten Schrittes nach vorne können wir zur Seite ausweichen oder nach hinten gehen. Statt mit offenen Augen die Linie abzugehen, können wir sie mit geschlossenen Augen ertasten. Statt gerade und geradeaus zu gehen, probieren wir es mal mit einem Taumeln, Schlingern oder Kreiseln. Das unentschlossene Wanken, das als wankelmütiges Verhalten verpönt ist, und auch das schlampige Schlurfen, an dem man gleich sieht, daß sich jemand nicht zusammenreißen kann und auch nicht will, das feige Zurückweichen, das linkische Herumtappen, das nervöse Zappeln, das läppische Trippeln, das kindische Hippeln, das unnötige Hüpfen und das Treten auf der Stelle: Jede Form von Flucht und jede Position, sei es senkrecht, sei es waagrecht, sei es kriechend, krauchend, robbend oder kauernd, jede noch so tierische Bewegungsart ist hier erlaubt und bringt vielleicht die Lösung bzw. genau das, was fehlte, um heil zu werden.

Alle Übungen des Lebenstanzes können allein oder in der Gruppe gemacht werden. Wichtig ist jedoch, auch wenn die Übung allein gemacht wird, daß die Linie, entlang der der Lebenstanz getanzt werden soll, ganz konkret als Linie ausgelegt und markiert werden soll. Diese Linie kann gezeichnet oder als Fadenspur ausgelegt werden. Es können Tücher zusammengefaltet und zu einem „Laufsteg" oder „Lebensteppich" in einer Länge von ca. zwei bis drei Meter drapiert werden. Es ist eine gerade Linie, an deren beiden Enden mit Kissen oder anderen ähnlichen Gegenständen die Punkte von Anfang und Ende, von Geburt und Tod markiert werden.

Bevor Sie sich in das Geschehen begeben, lassen Sie sich einige Augenblick Zeit, um diese Linie und die Punkte der Begrenzung zu betrachten. Lassen Sie sich Zeit, um innere Bilder, Gedanken, Gefühle aufsteigen zu lassen. Lassen Sie Ihren Blick auf und ab, von einem Ende zum anderen wandern, nehmen Sie wahr, was dadurch innerlich in Bewegung gerät, bevor Sie sich in die äußere Bewegung begeben. Bringen Sie die Lebenslinie mit den Bildern des Lebensbaums und des Lebensflusses in Verbindung. Machen Sie sich innerlich ein Bild von Ihrer Lebenslandkarte, bevor Sie sich auf die Wanderung begeben. Wo stehen Sie gerade? Wie alt fühlen Sie sich? Wie groß ist Ihre Lebenserwartung, wie stark ist ihre Lust am Leben, wie sehr spüren Sie eine Verbindung zum Leben, zu den Quellen der Lebenskraft, zu der Strömung des Lebensflusses, zu Ihren Wurzeln, zu Ihren Möglichkeiten der Entfaltung und des Wachstums, der Reife? Achten Sie bei dieser meditativen Betrachtung darauf, weniger in den Kategorien der linear-kausalen Zeit und logisch rational zu denken und mehr den Bildern und Gefühlen Raum zu geben. In welcher Jahreszeit des Lebens fühlen Sie sich gerade zu Hause? Welche Art der Strömung entspricht Ihnen zur Zeit: ist es mehr das Sprudeln einer Quelle, das Rieseln eines Baches, oder ist es mehr das träge Dahinfließen eines großen Stromes kurz vor seiner Mündung ins Meer? Schließen Sie die Augen und sehen Sie wieder Ihren Lebensbaum, Ihren Lebensfluß vor sich. Dann öffnen Sie die Augen und übertragen das innere Bild auf die äußere Fläche, das schmale Band Ihrer Lebenslinie. Und erst wenn Sie sich ein Bild machen können von ihrer gegenwärtigen Lebensform und Lebensverfassung, erst dann steigen Sie ein in das Geschehen der Übung.

Sie können auf jede erdenkliche Weise einsteigen: vom Ende oder vom Anfang herkommend, rückwärts oder vorwärts gehend, oder auch von der Mitte her sich nach vorne in die Zukunft und nach hinten in die Vergangenheit hineintastend. Sie können die Linie schnell abgehen, in einem Ruck, oder schrittweise, mit Zwischenpausen. Sehr bald werden Sie in den Bann des Geschehens gezogen werden, so daß das Abgehen der Linie immer mehr Bedeutung für Sie gewinnt. Es werden sich in zunehmender Weise Räume eröffnen, vielleicht sogar ganze Zeitalter unterscheiden lassen. Bestimmte Zeitpunkte können erfühlt werden als Knotenpunkte, Kreuzungen, Weichenstellungen und Verdichtungen im Leben: Punkte, an denen bewußte oder unbewußte Entscheidungen gefällt wurden, die noch bis in ihr heutiges Leben hineinwirken und darüber hinaus Ihre Zukunft beeinflussen.

Vertrauen Sie Ihrem Gefühl, vertrauen Sie der Sicherheit, mit der Ihr Körper Ihnen Informationen zukommen läßt, auch wenn diese zunächst nur Signale sind und nicht in Worte gefaßt werden können. Machen Sie sich vertraut mit dieser ganz eigenen Sprache, die Ihr Körper spricht und durch die er Ihnen mitteilt, was als Eindruck gespeichert wurde und noch bis heute im Körpergedächtnis aufbewahrt worden ist und jederzeit Ausdruck gewinnen kann. Achten Sie auf die kleinsten Regungen, und versuchen Sie zumindest für eine Zeit, die Logik ihrer rationalen Lebensbetrachtung im Hintergrund zu lassen, um so die feinere Wahrnehmung unsichtbarer und bislang verborgener Zusammenhänge wahrnehmen zu können. Vergegenwärtigen Sie sich, daß im Grunde alles schon da ist und immer schon da gewesen ist. Entscheiden Sie sich ganz bewußt dafür, die Trennung durch die chronologische Zeiteinteilung aufzuheben, indem Sie in den Panorama-Blick der Lebensübersicht gehen. Erst dann, wenn Sie ganz bewußt in diese andere Dimension des Zeiterlebens gewechselt sind, machen Sie es sich zur ersten Aufgabe, die Gegenwart zu orten. Irgendwo entlang Ihrer Lebenslinie finden Sie einen Ort, der eindeutig Ihre Gegenwart bedeutet. Es kann ein Punkt sein oder ein weiteres Umfeld, je nachdem wie Sie gerade Ihre Gegenwart erleben, mehr als Punkt oder mehr als Raum, als Feld. Markieren Sie Punkt oder Feld der Gegenwart und halten Sie sich an diesem Zeitort auf, erspüren Sie seine ganz besondere Qualität. Schreiben Sie sich auf, was Ihnen dazu einfällt, führen Sie ein Tagebuch über Standortbeschreibungen.

Erfahrungen

Ein 31jähriger Jung-Manager kam in mein Seminar, um, wie er sagte, mehr über Zeitplanung und Organisationsberatung zu lernen. Ich fragte ihn, ob er das Gefühl habe, er könne mit Zeit nicht umgehen und sei unorganisiert, denn er machte auf mich eher den Eindruck, als stünde er unter Druck und stresse sich selbst. Er sagte aber, er wolle das nicht für sich lernen, sondern in seinen Beruf einfließen lassen. Dort müsse man sich ja ständig weiterbilden, um auf der Höhe und im Bilde zu sein. Sehr eifrig und finster entschlossen betrat er seine Lebenslinie, die er in Form einer Decke ausgebreitet hatte. Sofort machte er sich auf die Suche nach der Gegenwart – und konnte sie nicht finden. Soweit er überhaupt etwas fühlte, so waren es die Ängste seiner Kindheit und Jugend, nämlich in Armut und Unbedeutendheit zu verkommen und es nie zu etwas zu bringen, und es war der schier unendliche Sog der Zukunft, der in Form von Wünschen, Sehnsüchten und einer unermeßlichen Gier auf die Gegenwart einwirkte und sie förmlich auffraß. Ängste aus der Vergangenheit und Gier aus der Zukunft, dieser schreckliche Ehrgeiz, wie er jetzt entsetzt feststellte, schnürten ihm die Kehle zu, schnitten ihm den Atem ab. Er hatte gar keinen Raum zur Verfügung. Nirgends konnte er bleiben. Nichts hatte Dauer, und allein dieses Nichts war ihm gegenwärtig.

Fassungslos schritt er sein Leben ab auf der Suche nach Halt. Schließlich ging er an die Endpunkte, zuerst an den Punkt der Geburt. Dort empfing ihn ein vages Gefühl, nicht erwünscht zu sein. Er ging über den Endpunkt hinaus und war erleichtert. Er ging wieder ins Leben hinein und war mit all jenen unangenehmen Lebensgefühlen seiner Kindheit und Jugend konfrontiert: Enge, Hoffnungslosigkeit, keine Aussicht, eine dumpfe, trübe Stimmung, die sich ein wenig aufhellte, sobald er sich den Bereichen seiner erwachsenen Existenz näherte. Alle Hoffnungen waren an seinen Beruf, an seinen derzeitigen Job gebunden: Mit einer straffen Organisation hoffte er, den Ängsten beizukommen. Er strebte weg von der Vergangenheit hinein in die Zukunft, aber irgendwie über das Ziel hinaus, denn schon hatte die Vergangenheit ihn an den anderen Endpunkt seines Lebens gedrängt: Sein ganzes Leben war geprägt von dem Versuch, der Vergangenheit zu entkommen. Er ging über den Punkt des Todes hinaus und sah auf sein gelebtes Leben zurück: eine einzige Flucht. Da rang er zum erstenmal um Atem. Der erste Schritt zur Heilung der Lebensperspektive war, in der Gegenwart zu verweilen und bewußt den Atem zu erweitern. Durch dieses bewußte Atmen in den Bauch hinein entstand bei ihm ein Gefühl für Raum, und dieses neue Raumgefühl verband sich mit einem neuen Erleben der Gegenwart. Gegenwart war nicht nur diese scharfe Schneide zwischen Vergangenheit und Zukunft, sondern Gegenwart war auch ein Raum, in dem er sich aufhalten konnte.

Was hat die Kindheit und Jugend mit Fragen der Zukunftsgestaltung und des Alterns zu tun? Zunächst mag es nicht einzusehen sein, warum wir uns zuerst mit dem vergangenen Abschnitt unseres Lebens befassen, wenn es um den Lebensteil geht, der noch vor uns liegt, zumal wir an der Vergangenheit doch nichts mehr ändern können. Oder vielleicht doch?

Ein paar Schritte zurückzugehen, wenn es darum geht, die richtige Vorgehensweise zu finden, ist eine bewährte Technik, denn es hat sich immer wieder herausgestellt, daß die Vergangenheit in die Gegenwart hineinwirkt und darüber hinaus in die Zukunft. Aber erfahren Sie am eigenen Leibe, wie der Körper sich erinnert und in der Erinnerung die Vergangenheit aufbewahrt wie einen Samen, der aufgeht, wenn er auf fruchtbaren Boden fällt: Lassen Sie sich von dem Experiment überraschen, ohne etwas Besonderes dabei zu denken, zu erwarten, zu erhoffen. Gehen Sie dabei ganz naiv vor bzw. zurück.

Wenn Sie die Übung allein machen, ist es Ihnen überlassen, das Geschehen so zu gestalten, wie es Ihnen entspricht, d.h. die Aktivität der Bewegung mit der Passivität des Nachspürens, Nachdenkens und Aufschreibens in Ihrem Tempo und Rhythmus zu kombinieren. Nur sollten Sie sich eine bestimmte Zeitspanne für die Übung setzen, vielleicht 10 oder 15 Minuten, und Sie sollten nicht länger an der Übung bleiben, auch wenn es noch so spannend ist, um ihre selbstgesetzten Grenzen zu achten und zu beachten und sich so selbst vertrauen zu können. Diese Disziplin gibt Ihnen den nötigen Respekt vor sich selbst, und Sie wissen, daß Sie sich auf sich selbst verlassen können. In einem Geschehen, das ungeahnte Stromschnellen und Untiefen aufweisen und Sie mitreißen kann, ist es wichtig, klare

Grenzen einzuhalten. So geben Sie sich selbst Halt. Andererseits ist es auch wichtig, nicht zu früh aufzugeben und dem Experiment eine Chance zu geben: Setzen Sie also einen Zeitraum fest, und nehmen Sie sich vor abzuwarten, komme was wolle, auch wenn es nichts ist. Gerade am Anfang braucht es Zeit, um mit diesem ungewohnten Vorgehen vertraut zu werden, und oft kann gerade das Erleben von Nichts ein wichtiger Einstieg in die Reisen nach innen bedeuten.

Wenn Sie die Übung in einer Gruppe machen, haben Sie in den Umstehenden geeignete Personen, die mit Ihnen diese Reise antreten. Gerade beim Einstieg in das Land der Kindheit und der frühen Jugend brauchen wir verständnisvolle Begleiter, die nicht viel sagen oder deuten, sondern einfach das innerpsysische Geschehen auf sich wirken lassen und eventuell Rückmeldung geben über das, was sie als Außenstehende wahrnehmen. Sie werden sich jetzt vielleicht fragen, wie es möglich sein soll, daß Außenstehende so etwas Intimes und Verborgenes wie einen innerpsychischen Prozeß wahrnehmen und über die rein körperliche Anwesenheit hinaus hilfreich begleiten können. Machen Sie das Experiment, bitten Sie z. B. zwei oder vier Personen, ein oder zwei an jeder Seite, Sie an der Hand zu fassen und Sie ganz konkret bei Ihren Reisen zu begleiten. Das heißt, Sie stehen auf der Lebenslinie und gehen zurück in Ihre Kindheit. Sie gehen vorwärts, mit dem Rücken zur Zukunft und zur Gegenwart, oder Sie können auch mit Blick auf Gegenwart und Zukunft, diese immer vor sich und sich ganz bewußt von ihnen entfernend, rückwärts nach „hinten“, „zurück“ gehen. Ihre Begleiter werden Sie an der Hand fassen und neben Ihnen sein. Sie werden mit Ihnen gehen, genau in der Haltung, in dem Tempo, in der Gangart, wie Sie sich zu gehen entschieden haben. Sehr oft werden Sie erstaunliche Körperzustände und Körpergefühle wahrnehmen und zu Ihrer Überraschung feststellen, daß Ihre Begleiter dieselben Körpergefühle und Wahrnehmungen entwickeln wie Sie. Bitte achten Sie jedoch darauf, nicht sofort darüber zu sprechen, sondern die Beobachtungen anstehen zu lassen, sie vielleicht immer wieder zu notieren und sich erst am Ende der Übungen darüber auszutauschen, „was eigentlich gelaufen ist". In dieser Übung können Sie übrigens mehrere Gangarten, Annäherungsversuche und Reiserouten ausprobieren. Ihre Begleiter werden Sie überallhin begleiten.

Erfahrungen

Renate ist heute 48, in der Mitte des Lebens stehend, wie sie von sich selbst sagt. Sie hat mit 25 Deutschland verlassen, ist nach Brasilien gegangen, und hat sich dort eine Familie, eine Karriere, eine Identität aufgebaut. Sie kam mit spirituellen Kreisen zusammen und praktizierte Geistheilen. Störend war dabei, daß sie selbst Kettenraucherin war, und obwohl sie anderen Menschen so gut helfen konnte, sich von ihren Süchten zu befreien, selbst nicht davon loskam. Auf einem kurzen Besuch in Deutschland lernte ich sie kennen und nahm an ihrem Lebenstanz teil. Zunächst hatte Renate Widerstände, in ihre unglückliche Kindheit und Jugend in Deutschland „abzusteigen", nun, da sie die spirituellen Höhen erreicht hatte und nicht mehr verlassen wollte. Sie hatte zunächst nur das Ziel, sich das Rauchen abzugewöhnen, und forderte von mir einschlägige Praktiken aus der Verhaltenstherapie. Trotzdem ließ sie sich auf das Experiment ein. Und tatsächlich: Kaum verließ sie die Gegenwart und ging in die Vergangenheit zurück, wurde ihr flau im Magen. Ihre Begleiter wurden aschfahl, krümmten sich vor Schmerzen, fühlten sich zittrig und unsicher, blieben zum Teil wie hypnotisiert angewurzelt am Ort stehen. Renate war froh, am Punkt der Geburt angelangt zu sein, und stieg nur zu gerne rückwärts aus dem Leben aus. Nun hatte sie das ganze Leben einschließlich ihrer Geburt vor sich. Sie sah die Trostlosigkeit vor sich, das Elend Deutschlands 1946, jenes Jahres, in das sie hineingeboren wurde. Sie sah die Beengung, die Überlebensängste ihrer Mutter, die Lücke, die ihr im Krieg gefallener Vater hinterließ. Und dann, mitten in dieser Not, tauchte das Bild der Großmutter auf: Oma rauchte, ununterbrochen. Beharrlich zündete sie sich die Glimmstengel an und verbreitete jenes Band blauen Dunstes, das sich durch den Raum schlängelte und eine Spur hinterließ. Oma war die Rettung in all dem Chaos, in all dem Elend.

Als Renate sich entschlossen hatte, sich ihre eigene Zukunft ohne Kettenrauchen vorzustellen, sah sie eine Zukunft ohne Perspektive, ohne etwas, was Spuren hinterließ, denn Omas Rauchspuren waren das einzige, was in der Kindheit einen Hinweis auf Beständigkeit und Gelassenheit gegeben hatte. Es gab keine anderen Erlebnisse der Hilfe, der Unterstützung, der Zuversicht, nur Omas beharrliches und gelassenes Rauchen. Deshalb war der Abstieg unerläßlich, wenn es darum ging, eine positive Perspektive der zweiten Lebenshälfte ohne Kettenrauchen zu entwickeln. Es reichte nicht, einen Punkt zu setzen und sich vorzustellen, ab heute würde alles anders. Obwohl Renate alles verändert hatte, das Land, die Kultur, die Sprache, war sie unbewußt immer noch an Modelle gebunden, die in ihrer Kindheit die einzige Alternative zur Verzweiflung gewesen waren. Nun galt es, einerseits diese Alternative anzuerkennen als Alternative für die damalige Zeit, andererseits sich auf die Suche nach neuen Alternativen zu machen und die Auswahl auf den gegenwärtigen Stand der Möglichkeiten zu bringen.

Sie halten sich im Bereich der Kindheit und frühen Jugend auf, gehen vielleicht hin und her und haben nun Kontakt aufgenommen mit dem, was Ihnen damals fehlte. Aber wie kann etwas geheilt werden, das in der Vergangenheit liegt? Wie können vergangene Mißstände korrigiert, wie damalige Mängel und Fehler ergänzt, wie etwas nachgeholt werden, was vor langer Zeit aktuell gewesen war, wie können Entscheidungen, Entschlüsse neu gefaßt werden, für die die Zeit damals reif gewesen wäre, heute aber schon die Zeit der Früchte eingetreten ist?

Kann Zeit zur Umkehr bewegt werden?

Übung
In dieser Übung wollen wir versuchen, ob wir nicht die Vergangenheit rückwirkend beeinflussen können, indem wir mit dem ganzen gegenwärtigen Wissen über Heilung die unheile Situation von damals noch einmal erleben und jetzt all das spielerisch in Szene setzen, was uns damals gut getan hätte. Oft helfen uns dabei Gestalten, die uns als Beschützer und Verbündete zur Seite stehen und eine heilende Rolle spielen.

Renate sagte, sie bräuchte Unterstützung, um „da noch einmal rein zu gehen". Sie entschied sich dafür, vom Geburtsort ausgehend bzw. davor stehend, „in das Leben einzusteigen", wenn sie ein ein paar Menschen hätte, die mit ihr gehen würden. Begleitung in Form von Umstehenden reichte ihr nicht. Sie brauchte Leute, die sie an die Hand nahmen und gemeinsam mit ihr den Einstieg machten. Sie faßte dann jeweils eine Person bei der Hand und bat darum, daß diese Personen jeweils an ihrer freien Seite noch jemanden hätten, „damit es nachher auch genug Zeugen gäbe". So bildete sich eine Reihe, die gemeinsam „den Schritt ins Leben tat". Ganz vorne im Bereich der Gegenwart war eine Person, die bezeugte, daß Renate es geschafft hatte und die Kindheit endgültig vorbei war. Sobald sie „im Leben stand", also mitsamt ihrer Begleitung die Lebenslinie betreten hatte, erfaßte sie eine große Schwäche, und sie meinte, nicht vorwärts zu kommen. Wie gut, daß die Gegenwart winkte und lockte und so verhinderte, daß die Trance der negativen Kindheitsgefühle sie überwältigte und festhielt. Auch ihre Begleiterinnen und Begleiter sagten nachher aus, daß sie ganz im Bann dieser Kräfte – was auch immer sie gewesen sein mochten – gestanden hätten und fast gelähmt gewesen wären. Es tat Renate gut, dies von außen und von anderen bestätigt zu bekommen. Sie hatte also recht gehabt, wenn sie meinte, daß ihre Kindheit eigentlich schrecklich gewesen war. Sie mußte nicht mehr den Anschein der heilen Welt wahren.

Mit dieser Selbstbestätigung, die ihr ein Gefühl von Vertrauen und Wirklichkeit gab, konnte sie gleich noch einmal in das Leben einsteigen und diesmal herausspüren, was sie damals gebraucht hätte, um das Leben zu genießen. Diesmal hatte sie Vater und Mutter an ihrer Seite. Die Mutter gab ihr Wärme, der Vater Schutz. Die Mutter bestätigte immer wieder, wie sehr sie sich freute, daß Renate hier sei, und der Vater versicherte ihr, er sei stark genug, um sie zu schützen. Da fiel Renate ein, daß ihr Vater bei ihrer Geburt ja schon nicht mehr lebte. Ein Freund der Mutter hätte dieselbe Funktion übernehmen können, hatte es aber nicht getan. Und dann fielen ihr auch die älteren Brüder ein, von denen sie sich Schutz erhofft hatte. Es gab in diesem Experiment also die schützende, starke Vaterfigur und Brüder, die ihr ebenfalls zur Seite standen. In dieser Lebensinszenierung standen Mutter und Vater hinter Renate, legten ihr die Hand auf die Schulter und sagten immer wieder Sätze der Bestätigung und Versicherung. Zu beiden Seiten bildeten die älteren Brüder zusammen mit Renate eine Gemeinschaft, die sich verschworen hatte, „gemeinsam durch dick und dünn zu gehen und durchzuhalten, komme, was da wolle".

In Wirklichkeit waren gerade diese Brüder eine enorme Bedrohung für das Kind Renate gewesen, da sie ihr das Mitspielen nur unter ihren Bedingungen erlaubten, und Renate sich sehr früh von ihnen sexuell belästigt fühlte. Ob ein Mißbrauch tatsächlich stattgefunden hatte, wußte sie nicht und wollte sie auch nicht wissen. Tatsache war, daß ihr Vertrauen in sich selbst, in das Leben und in die Gemeinschaft grundsätzlich gestört war. Schaudernd wagte sie es trotzdem, den Brudergestalten die Hand zu geben und sich in das Experiment zu begeben. Dabei ging es einerseits darum, die Trauer über den Verlust der heilen Welt zuzulassen, andrerseits die Bedingungen für eine Heilung herauszuarbeiten. Als eine wichtige Bedingung stellte sich das klare Aussprechen von Bedürfnissen heraus. Renate lernte in diesem Experiment, ihre Brüder zu bitten, mitspielen zu dürfen und ihrem Bedürfnis nach Gemeinschaft unter Kindern und nach brüderlichem Schutz Ausdruck zu geben. In dem Experiment reagierten die Brudergestalten mit Offenheit auf Renates Bitte. Sie sagten, sie seien stolz auf ihre Schwester, und sie sagten, sie würden sie schützen. Sie stellten sich vor sie, äußerten gleichzeitig immer wieder ihren Stolz auf die Schwester und sagten, wie toll sie es fänden, mit ihrer Schwester zusammen gesehen zu werden.

Durch diese Reaktion baute sich etwas in Renate auf, was sie als Stolz auf sich selbst, als Selbstliebe, als Freude an sich selbst bezeichnete. Das gab ihr Kraft und Stärke und machte sich selbstständig, so daß sie sich wiederum von den Brüdern abgrenzen und die Bedingungen des Mitspielens selbst setzen konnte. Etwas heilte in ihr. Das heißt: Etwas was gefehlt hatte, wurde nun spielerisch ersetzt oder eingesetzt und konnte zunächst im Spiel seine heilende Wirkung entfalten. Aus dem Spiel wurde Übung, denn Renate entschloß sich, in einer Art selbstgestalteter Meditation immer wieder in ihre Kindheit zurückzugehen und die Kraft, den Stolz auf sich selbst, die Stärke und Freude dort hineinzugeben. Sie nahm sich vor, für eine bestimmte Zeit ihre Energie, ihre Willenskraft und ihre Gedanken in diese experimentelle Übung zu investieren.

Zurück zum Kindertraum vom großen Glück

Der Traum vom großen Glück wird meist als Kinderei angesehen, die Bescheidung auf das kleine Glück hingegen als erwachsen und als ein Zeichen der Reife. Jeder kennt das Gefühl des großen Glücks, sei es nun eine Kinderei oder ein Traum oder beides: Der Körper erkennt sofort jenes Gefühl wieder, sobald er darauf angesprochen wird. Und er spricht leicht darauf an, sei es durch gefühlsbetonte, um nicht zu sagen gefühlsduselige Geschichten, sei es durch verzerrte Erinnerungen. Dem Körper ist es gleich, ob das Glück echt war und logisch beweisbar ist, der Körper argumentiert nicht, er unterscheidet nicht zwischen Wirklichkeit und Illusion, er fühlt sich angesprochen oder nicht und reagiert dementsprechend. Die Reaktionen auf das Signal „Glück" sind von Mensch zu Mensch nicht so verschieden, wie ich immer wieder feststellen konnte, wenn ich meine Klienten bat, nicht ihre Vorstellung, sondern ihr körperliches Erleben von Glück zu beschreiben.

Übung
Die Übung wird um das Körpergefühl von Glück kreisen. Sehr oft haben Menschen großes Glück in ihrer Kindheit erlebt und können sich dieses Erleben so sehr wieder in Erinnerung rufen, daß das Glück gegenwärtig wird. Auslöser für das Glückserleben waren oft sogenannte einfache oder

banale Geschehnisse und Situationen. Oft ging es nicht darum, was geschah, denn oft geschah eigentlich nichts besonderes, sondern wie es wahrgenommen wurde. Die Schönheit der Natur, ein flüchtiger Eindruck waren voll solcher Intensität, daß sie ein Gefühl von Allverbundheit und Einheit auslösten, auch wenn es keine logischen Gründe dafür gab. Eben weil diese tiefen Erlebnisse nicht auf logische Weise erklärt werden können, werden sie oft verdrängt oder als nicht der Erinnerung wert erachtet. Und doch haben sie sich eingeprägt und kommen hervor, sobald das Bewußtsein sich darauf einstellt und danach sucht.

Die Übung besteht darin, sich einfach hinzulegen (oder bequem hinzusetzen, wenn dies besser geeignet erscheint, um sich zu konzentrieren) und die Gedanken schweifen zu lassen. Das Bewußtsein ist eingestellt auf ein Suchprogramm, das auf Glücksmomente und körperliches Erleben von Glück ausgerichtet ist. Unwillkürlich wandern die Gedanken in die Vergangenheit ab und suchen dort nach dem Erleben von Glück. Und nun, da wir wissen, daß es nicht um besondere Ereignisse geht, sondern um ein sehr unauffälliges, inniges und innerliches Erlebnis, kann sich unser Bewußtsein besser darauf einrichten, das zu erkennen, was es sucht. Dazu hilft es, sich in den Glückszustand zu versetzen und zu beobachten, wie der Körper es macht, Glück als Zustand hervorzurufen. Was braucht es dazu, sich glücklich zu fühlen? Woran würden wir merken, daß wir nicht nur ein bißchen, sondern sehr glücklich sind, ja, daß wir jetzt gerade das erleben, was man das große Glück nennt und wovon alle träumen, aber wovon alle meinen, daß es kaum in der Wirklichkeit anzutreffen sei? Wie muß der Traum sich gestalten, um uns glücklich zu machen? Und während wir so daliegen und unsere Gedanken wie ein suchender Scheinwerfer Ausschnitte unseres Lebens beleuchtet, können die einen oder anderen Eindrücke auftauchen, und sehr bald erkennen wir, daß es weniger das ist, was wir sehen, sondern mehr die Art, wie wir es sehen, und wir mögen beobachten, daß es eine bestimmte Qualität unserer Wahrnehmung gibt, die uns glücklich macht. Alles scheint im Fluß und wir mittendrin. Alles scheint von selbst zu kommen und zu gehen, und wir mittendrin. In der Psychologie wird diese Art des Erlebens das Flow-Erlebnis genannt.

Nun geht es darum, diese Art von Erleben bewußt und willentlich hervorzurufen und den ganzen Körper damit zu erfüllen, so daß sich bis in die letzten Zellen die Information des Fließens, das Programm des In-Fluß-Seins fortgesetzt hat und alles ganz und gar damit ausfüllt. Der Körper wird regelrecht damit besetzt, so daß er einheitlich damit getränkt und durchwirkt wird und sich mit sich selbst verbunden fühlt, ganz in sich selbst aufgehoben. So verstärkt sich das Glück zunehmend, und das, was am Anfang vielleicht nur eine blasse, schattenhafte Ahnung gewesen ist, gewinnt nun feste Form und eine präzise Gefühlsgestalt. Und dann, wenn das Körperbild des erfüllten Glücks eindeutig, sicher und ganz gegenwärtig geworden ist, besteht der nächste Schritt darin, sich auf der Lebenslinie im Bereich der Vergangenheit hinzulegen (oder auch zu setzen oder hinzustellen oder eine sonstige Haltung einzunehmen, die sich stimmig anfühlt) und nachzuspüren, wie das Glückserleben im Verhältnis zur eigenen Biografie eingeordnet wurde. War das Glück leicht erreichbar, oder war es sehr weit entfernt von dem, was als Wirklichkeit erlebt wurde? Wie ist die Haltung? Wie die Ausrichtung, z. B. mit dem Kopf oder mit den Füßen zum Lebensanfang? Sehr nahe zur Geburt und frühen Kindheit oder näher an die Gegenwart? Wie fühlt es sich an, das Glückserleben im Körper „auf die Reihe zu bringen" und dem Maß der Lebenslinie zu unterwerfen? Gibt es bestimmte Wahrnehmungen bei dem Kontakt mit der ausgelegten Spur des Lebensfadens?

Erfahrungen

Peter, 36jährig, befand sich, wie er selbst sagte, in einer Krise, die er in Zusammenhang brachte mit seinem Alter. Er hatte alles erreicht, was er sich so vom Leben erwartet hatte: Erfolg im Beruf, eine gute Ehe, zwei Kinder, ein eigenes Haus, das er gerade nach seinen eigenen Vorstellungen entworfen und fertiggestellt hatte. Er legte sich auf die Lebenslinie mit dem Kopf „nach unten", d.h. in die Vergangenheit gerichtet. Sogleich stellte sich ein unangenehmes Gefühl der Schwere im Kopf ein, verbunden mit Schwindel und Atemnot. Er setzte sich deshalb in Panik auf und legte sich erst dann wieder hin, als er sich beruhigt hatte. Kaum lag er aber wieder auf dem Boden, stellte sich dasselbe Gefühl mit derselben Heftigkeit ein. Das begann ihn zu faszinieren, und er experimentierte mit verschiedenen Lagen und Positionen. Im Sitzen fühlte er sich „draußen". Und weil er „mehr mitkriegen wollte, was da eigentlich läuft", legte er sich wieder hin, diesmal auf die Seite. Der Druck im Kopf ließ nach, aber auch der Kontakt, der in Rückenlage so stark und überzeugend gewesen war. Er beschrieb diesen Kontakt mit dem Boden und der Linie als eine Berührung mit etwas, was ganz wesentlich für ihn war und was er in seinem Alltagsleben vermißt hatte. Nun war er froh, es wiedergefunden zu haben. Alles schien bunter, wärmer. Aber was war „es" nur? „Es" zog ihn förmlich an, und er fühlte große Befriedigung, den ganzen Rücken in Kontakt mit dem Boden zu spüren. Nun experimentierte er mit dem Wechsel der Ausrichtung und legte sich mit dem Kopf in Richtung Gegenwart und Zukunft, mit den Füßen also zur Vergangenheit hin. Er lag da und schüttelte nur den Kopf. „Ich kann es nicht glauben", sagte er und setzte sich sichtlich verwirrt auf. Alles in ihm schien in Unordnung geraten zu sein. Er legte sich wieder hin, ließ die neue Lage einen Augenblick auf sich wirken und mußte sich wieder aufsetzen, „um es besser zu verstehen". Das nächste Mal, als er sich hinlegte, atmete er tief und befriedigt aus und lag ganz ruhig da. Er wirkte, man kann es nicht anders beschreiben, glücklich. Er machte einen zufriedenen Eindruck und schien in seiner Bewegungslosigkeit irgendwie „im Fluß zu sein." „So also geht das", sagte er, „jetzt habe ich verstanden: das Glück ist nicht nur im Kopf, sondern muß durch den ganzen Körper gehen!"

Als er mit dem Kopf in Richtung Vergangenheit lag, war das imaginierte Körpergefühl des Glücks ganz in den Kopf gerutscht und bildete dort einen hermetisch abgeriegelten und isolierten Raum, in dem sehr viel Druck herrschte und von dem ein unangenehmer Sog ausging. So kamen Kopfweh und Schwindel körperlich zustande und waren Ausdruck für ein Ungleichgewicht in Peters Leben. Großes Glück und körperlich erlebtes Glück waren nur in Peters Kopf als nostalgische Erinnerung oder Vision vorhanden, ohne daß es eine Auswirkung oder Wechselwirkung mit Peters Alltag gegeben hätte. Er hatte sich selbst von seiner Vision abgeschnitten und sich mit dem kleinen Glück, das sich ja durchaus eingestellt hatte, beschieden. Daher die Leere, die er fühlte: Alle Fülle war in den Kopf abgewandert als Idee von einer Fülle, die sich „im normalen Leben" ja doch nicht realisieren ließ. Diese Meinung änderte er jetzt jedoch, indem er am eigenen Leibe erlebte, daß das große Glück an ein bestimmtes Körpergefühl gebunden ist und dieses sich durchaus herbeirufen und durch meditative Übung verstärken läßt.

Der Traum, um den es hier geht, ist nicht ein bestimmter Traum, sondern das Urbild, das jeder Mensch in sich trägt, ob er nun träumt oder nicht, und es ist ein Urbild, das die Zukunft betrifft. Der Traum begann in der Vergangenheit und ist in der Gegenwart anwesend, wenn auch verborgen. Er beeinflußt aber auch nicht nur die Entscheidungen, die in der Gegenwart getroffen werden, sondern darüber hinaus auch die Entwicklung, die in die Zukunft – in eine ganz bestimmte, sozusagen vorausbestimmte, vorausgeträumte – Zukunft hineinführt. Der Traum bewahrt sich selbst, ungeachtet des Verlaufs der „wirklichen" Entwicklung, die ein Leben gestaltet. Größte Gegner des Traums sind die Gewohnheiten, die sich innerhalb eines Lebenslaufes einstellen, ausprägen und mit ihrer Prägung den Lebenslauf zu einem großen Maße weiterhin prägen. Das Normale, Genormte ist das Gewöhnliche. Der Traum hingegen besteht in einem Klima des Ungewohnten und Ungewöhnlichen, und aus der freiwilligen oder unfreiwilligen, bewußten oder unbewußten Durchkreuzung der Gewohnheiten bezieht er seine Beständigkeit. Mancher Traum ist unter dem Gewohnheitsrecht nahezu verschüttet worden. Die folgende Übung soll ihm zu neuem Leben verhelfen.

Übung

Diese Übung kann allein gemacht werden. Das heilende Geschehen muß sich dann in der Vorstellung vollziehen, während in einer Gruppe die Begleiter sich in den Rollen von heilenden Kräften, Helfern und Verbündeten wiederfinden werden. Es wird darum gehen, wieder das Körpergefühl des Glücks in sich aufzubauen, also eine einleitende Phase der Besinnung und Konzentration der eigentlichen Aktion vorgehen zu lassen. In dieser Phase suchen wir nach Orten – geträumten, vorgestellten oder wirklichen –, die Orte des

Glücks sind. Sehr oft haben sich die Spielplätze unserer Kindheit als solche Orte herausgestellt, denn dort erlebten wir zum ersten Mal „Wunder" und nahmen sie ernst. Es sind Orte, die wir vielleicht immer wieder aufsuchten und vor den meisten Menschen sorgsam geheimhielten, um ihnen nicht das Besondere zu nehmen oder auch um geschützt zu sein vor dem Zugriff der Gewohnheiten, Pflichten und Sachzwänge. Es können aber auch bestimmte Landschaften sein, die wir aus unseren Träumen kennen und die uns in guter Erinnerung geblieben sind, weil wir dort etwas erlebten, was uns aufbaute, bestätigte oder geborgen hat. An diese Orte gehen wir nun in unserer Vorstellung und halten uns eine Weile dort auf, wie um auf etwas zu warten. Und tatsächlich, nach einer Weile kann es sein, daß sich Gestalten aus unserem Traum zeigen und uns ihre Hilfe anbieten. Sehr oft sind es Puppen, Stofftiere oder Fabelwesen aus unserer Kinderwelt. Es können Gestalten aus Märchen sein oder auch die guten Geister des Ortes, die mit uns Kontakt aufgenommen hatten. In vielen Erzählungen kommen sprechende Tiere, sprechende Bäume, Feen und Elfen vor, und es geht nicht darum, die Existenz von solchen Wesen beweisen zu wollen, sondern jetzt ihre Hilfe anzunehmen und uns von ihnen in die Gegenwart und Zukunft führen zu lassen. Dies mag wie ein Traum sein, ein wunderbarer, heilender, versöhnlicher, erleichternder, begeisternder, beglückender Traum, aber das, was im Traum geschieht, wird Einfluß haben auf unser alltägliches Leben. Und es wird vielleicht sogar unsere Gewohnheiten etwas auflockern, in Frage stellen oder sogar verändern.

Die Übung besteht darin, den Ort des Traumes irgendwo neben der Lebenslinie im Abschnitt der Kindheit aufzufinden, zu markieren und dann von dort eine direkte Linie zur Gegenwart auf der Lebenslinie zu legen. Das heilende Geschehen gestaltet sich als Weg und Bewegung, die vom

Ort des Traumes (außerhalb der Lebenslinie) hinführt zur Gegenwart (auf der Lebenslinie). Um diesen Übergang von Traum in Wirklichkeit, von kindlichen Wünschen zu erwachsenen Visionen zu unterstützen, wählen wir bestimmte Gestalten als Begleiter und weisen ihnen die Rolle zu, die wir am besten brauchen können. Es können also Gestalten sein, die uns einfach schweigend, stützend und schützend von einem Ort zum anderen geleiten, es können aber auch Helfer mit besonderen Fähigkeiten und Verbündete mit besonderen Bedingungen und Angeboten, die vertraglich festgelegt werden müssen, sein. Auf alle Fälle sollten nach der Übung auch die Begleiter befragt werden, was sie gespürt haben und ob ihnen etwas besonderes aufgefallen ist.

Erfahrungen

Franz, Anfang vierzig, tätig in der Kommunalverwaltung und bei einer ökologischen Partei politisch engagiert, klagte über seinen Alltag, der ihn mit seinen Ansprüchen überforderte und gleichzeitig nicht mehr begeisterte. Bei der Übung suchte er einen bestimmten Platz in der Nähe des Hauses, in dem er aufgewachsen war, auf. Er erinnerte sich daran, daß er am liebsten in einem verwilderten Grundstück mit viel Gestrüpp gespielt hat, sehr zur Besorgnis seiner Mutter, die Angst hatte, es könnten dort nicht entschärfte Blindgänger vom letzten Krieg liegen. Trotzdem schlich er sich dorthin und saß stundenlang im Gestrüpp. Er erinnerte das Gefühl der Zweige und Dornen, die ihn festzuhalten schienen. Das steigerte die Faszination des Ortes, der, so war er überzeugt, ein Geheimnis bewahrte. Eines Tages fand er eine leere Flasche im Boden vergraben, und ungeachtet der Warnungen seiner Mutter, nichts anzurühren, geschweige denn zu öffnen, schraubte er den Deckel ab. Er bildete sich auf der Stelle ein, ein zischendes Geräusch zu hören. Dieses Geräusch konnte er auch jetzt immer noch hören, und ihn überfiel immer noch das prickelnde Grausen, daß er etwas getan hatte, was Folgen haben würde.

Daraus entwickelte sich eine Geschichte, die er sich selbst erzählte oder immer wieder als Tagtraum weiterträumte: Er hatte den berühmten Geist in der Flasche gefunden und ihn befreit. Komisch, daß er in all den Jahren ganz vergessen hatte, die Belohnung, die der Flaschengeist im Märchen verspricht, einzufordern. Jetzt fiel ihm dieses ausstehende Versprechen ein, und er setzte sich wieder an den Ort seines Tagtraums. Er wartete darauf, daß der Flaschengeist sich melden und sein Versprechen einlösen würde. Sozusagen aus seinem eigenen Körper, ganz dicht an seinem Ohr hörte er da eine tiefe Stimme, die anscheinend das ganze eher lustig fand. „Ich bin doch schon da!" sagte die Stimme. Aber der Geist zeigte sich nicht. Er blieb unsichtbar, war aber sehr mächtig zu spüren. Er hatte viel Kraft, war aber auch äußerst reizbar und ungehalten. Ungehalten! Franz sagte dem Geist, schließlich habe er ihn befreit aus dieser verrotteten alten Flasche, und dann habe er sich einfach aus dem Staube gemacht. Der Geist hingegen meinte, er sei die ganze Zeit da gewesen, aber Franz hätte ihn nicht beachtet, so daß er gemeint habe, Franz bräuchte ihn eben nicht.

Franz wünschte sich jetzt vom Geist, er möge ihn von seinem Traumort in die Gegenwart begleiten, wo er eine Dosis Freiheit gut gebrauchen könne. Der Geist solle mit ihm kommen zu seinem Arbeitsplatz, zu seinem überfüllten Schreibtisch. Der Geist folgte bereitwillig, obwohl er sich klein machen mußte, um in das Gebäude der Kommunalverwaltung hineinzupassen. Er mußte den Kopf einziehen, als er den Raum betrat, und die Fenster erinnerten ihn unangenehm an sein Gefängnis in der Flasche. Mit einem heftigem Atemstoß fegte er ganze Stapel vom Schreibtisch hinweg. Das wären die Leserbriefe gewesen, die Franz zu beantworten sich vorgenommen hatte. Dann tat er einen weiteren Atemzug, der endgültig alles in Unordnung brachte und bei Franz ein kathartisches Schütteln auslöste. Er schüttelte sich vor Lachen: „Zum Teufel mit den Leserbriefen!" sagte er laut – bis dahin war alles lautlos und nahezu bewegungslos vor sich gegangen –, „jetzt schreibe ich mal was!" Er sah ein Buch vor sich, in ungehaltenem Zorn, voller beißendem Witz geschrieben, mit dem Titel: „Was tue ich eigentlich hier?" Der Flaschengeist hatte ihm versprochen, ihm beizustehen und ein paar wirklich gute Einfälle zu liefern.

Der Begleiter, der die Rolle des Flaschengeistes übernommen hatte, hatte genau gespürt, was sich in Franz auf seinem Weg zum Schreibtisch abgespielt hatte. Er hatte seine Kraft, seine Ungehaltenheit, seinen Zorn, seinen beißenden Witz, aber auch seine gebremste Lebensfreude gespürt. Als Flaschengeist hatte er das Bedürfnis, eine Art Vertrag auszuarbeiten, nach dem der Geist öfter nach dem Rechten sah, seine Flasche – den Körper von Franz – besuchte und ihn gründlich aufmischte. Dafür versprach Franz, ihn auch nie festzuhalten, sondern immer wieder gehen zu lassen, wenn ihm danach sein sollte. Allerdings sollte dieses Fortgehen ein Alarmsignal sein, daß hier etwas nicht stimmte, denn was dem Geist nicht schmeckte, konnte für Franz bzw. dessen Körper auch nicht das Wahre sein. Und so wollten sie es in Zukunft halten.

Eine Vision des Alters

Die meisten Menschen haben keine positive Vision von ihrem Alter, höchstens Horrorvorstellungen, die ihre Ängste und Vorurteile bestätigen sollen. Der bekannte Schrecken ist vielen lieber als die Möglichkeit, daß auch im Alter und gerade im Alter etwas Unbekanntes auf uns zukommt und wir etwas erleben, was uns neu und ungewohnt ist. Im Alter nehmen die Gewohnheiten einen immer größeren Raum ein, und die Visionen nehmen ab. Soweit sie sich nicht erfüllt haben, waren es eben nur Wunschgedanken und Hoffnungen, die keine Wirklichkeit in sich besaßen, und wenn sie sich erfüllt haben, haben sie sich zwar verwirklicht, sind aber dadurch selbstverständlich und gewöhnlich geworden.

Viele stellen sich ihr Alter als eine Zeit vor, in der sie eigentlich schon mit dem Leben abgeschlossen haben und mehr oder weniger auf das endgültige, d.h. das körperliche Ende warten. Eine solche Wartezeit ist natürlich keine sehr anregende Perspektive, und so entsteht der Wunsch nach einem Tod noch mitten im Leben, d.h. ohne den leidigen Prozeß des abwartenden Dahinsterbens.

Übung

Diese Übung sollte an die vorgehende anschließen, da wir mit vereinten Kräften eine neue Vision des Alters erarbeiten wollen. Eine kurze Phase der Besinnung verbindet uns aufs neue mit den Kräften, mit den helfenden Geistern und gutgesinnten Wesen, die wir in der vorgehenden Übung am Ort unseres Traums aufgefunden haben. Wir nehmen uns eine Weile Zeit, um uns die Kräfte und ihre heilende Wirkung zu vergegenwärtigen und vereinen sie im Geiste, so daß sie als Trupp der vereinten Kräfte auftreten können. Wird die Übung in einer Gruppe gemacht, kann dieser Trupp von Begleitern gespielt werden, wobei die einzelnen Mitglieder verschiedene Kräfte darstellen und eventuell bestimmte unterstützende Sätze und Affirmationen wiederholen können. Sie versammeln sich alle an dem Ort des Traums, der außerhalb der Lebenslinie irgendwo im Bereich der Kindheit liegt. Von dort aus gehen Sie entlang der vorhin markierten Verbindungslinie zwischen Traumort und Gegenwart wieder von der Phantasiewelt der Vergangenheit in die Gegenwart und darüber hinaus in die Zukunft. Hinter sich haben sie die vereinten Kräfte, neben sich, eventuell bei den Händen gefaßt, haben sie Zeugen und Begleiter, die später berichten werden, was sie bei den Übergängen entlang der Lebenslinie gespürt haben.

Konzentrieren Sie sich ganz auf das Geschehen und auf Ihr Körpergefühl. Bleiben Sie ganz bei Ihrer Wahrnehmung. Gedanken mögen kommen, aber sie gehen auch wieder vorbei, wie Wolken am Himmel. Es wird nun darum gehen, einen positiv besetzten Raum im Altersbereich zu eröffnen und zu betreten. Mit Hilfe der vereinten Kräfte wird Ihnen das leichter fallen als Sie zunächst meinen. Dann werden, wie bei der vorhergehenden Übung, die Bedingungen für eine Verwirklichung dieser positiven Altersvision erarbeitet. Die Zeugen und Begleiter werden befragt, und durch instinktiv einfühlendes Mitgefühl und Verständnis werden sie vielleicht wichtige Hinweise geben können. Dabei sollen weniger Meinungen ausgetauscht oder Patenrezepte angeboten werden, sondern vielmehr das Körpergefühl und die entsprechenden Bedürfnisse geäußert werden. Die vereinten Kräfte haben auch etwas zu sagen. Sie können die Bedingungen, die sich an die Verwirklichung einer Altersvision knüpfen, auflisten. Die Frage, die alle beschäftigen soll, ist: „Wie fühlt es sich an, im Alter das große Glück zu finden, und was braucht es dazu?“

Achtung: Lassen Sie Sich nicht mit dem kleinen Glück abspeisen! Nur das große Glück hat jene herzerweichende und öffnende Wirkung, die wir brauchen, wenn wir das Wagnis eingehen wollen, vollkommen glücklich zu sein.

Franz ging mit seinem Flaschengeist als hilfreichem Verbündeten in die Zukunft. Der Geist hatte sich ausbedungen, kommen und gehen zu dürfen, wann er wolle, ab und zu aber bei Franz vorbeizuschauen, um nach dem Rechten zu sehen. Der Geist war also ein willkommener Gast. Und um sich wirklich willkommen zu fühlen, sollte die Haustür immer für ihn offenstehen. Das fiel Franz nicht leicht, denn er haßte offenstehende Türen. Und ebenso haßte er es, wenn Dinge offen blieben. Aber der Geist blieb hartnäckig, vor allem nun, da es in die positive Altersvision ging. Er weigerte sich, die Entschuldigung von Franz anzunehmen, daß dieser nun ins Alter käme, wo er abschließen wolle. Der Geist meinte zu Franz, er sei wirklich eine Flasche, und er sei froh, so einer Flasche entkommen zu sein. Das wiederum erinnerte Franz daran, daß er es schließlich gewesen war, der den Geist aus der Flasche befreit hatte und daß dieser ihm etwas schuldig sei. Sie einigten sich schließlich darauf, daß es eine positive Altersvision sei, geistig offen zu sein. Etwas abschließen als geistige Tätigkeit ist schön und gut, aber das Abgeschlossen-Sein als Zustand ist nicht förderlich. Der Geist als Gast sollte immer wieder dafür sorgen, daß Franz geistig offen blieb. Der Geist war einverstanden. Unter solchen Bedingungen ins Alter zu gehen, war für Franz ein aufregendes Abenteuer. „Wer weiß, was mir noch alles einfällt!“ meinte er schmunzelnd, „am Ende verliebe ich mich noch!“ Plötzlich hielt er dies für durchaus möglich und war dem Thema Altern überaus aufgeschlossen. Franz konnte nun an den Ursprung seiner Begeisterung zurückkehren.

Der Tod als Verbündeter

Übung

Diese Übung wird allein gemacht und besteht aus einer sehr einfachen Bewegungsabfolge. Nachdem Sie mit vereinten Kräften in Ihr ideales Alter gegangen sind, ist es nur ein kleiner Schritt zur Schwelle des Todes, die Sie hier spielerisch und experimentell überschreiten können, um dann vom Tod her wieder ins Leben einzusteigen. Vielleicht werden Sie das Leben neu erleben, vieles mit anderen Augen sehen. Denken Sie vorher nicht zuviel darüber nach, sondern beginnen Sie einfach mit der Bewegung: Von dem Gegenwartspunkt auf der Lebenslinie gehen Sie in Richtung Tod, d.h. Sie nähern sich dem Endpunkt, der markiert wurde. Wieder können Sie alle Arten der Annäherungen ausprobieren. Schauen Sie dem Tod ins Auge und gehen Sie frontal auf ihn zu, durch ihn durch, um dann umzukehren und auf ihr gelebtes Leben vor Ihnen zurückzuschauen. Hier können Sie sich einen idealen Nachruf ausdenken, und was alles darin stehen sollte. Oder gehen Sie langsam, eventuell mit geschlossenen Augen und in Begleitung – wenn Sie diese Übung in der Gruppe machen – mit dem Rücken zum Tod rückwärts dem Ende zu. Was liegt vor Ihnen? Und was spüren Sie im Rücken? Verweilen Sie in dem Bereich jenseits der Lebenslinie und lassen Sie diese Situation auf sich wirken. Der Tod als reale Person kann Sie auf diesen Gängen begleiten. Der Tod als Verbündeter kann für Sie auch mehr eine Metapher sein, denn Sie werden erleben, daß der Tod Kraft und Stärke, Ernst und Willen verleiht, Dinge, die dem Leben eine besondere Würde und Schönheit geben. Schon zu Lebzeiten kann der Tod als Freund, Ratgeber und Verbündeter die größte Quelle von lebensbejahender Freude und Energie kann, vorausgesetzt, wir nutzen diese Quelle.

Schreiben Sie sich die Erlebnisse und Einsichten, die Sie aus dieser Übung gewinnen, auf, um sie später nachlesen zu können. Führen Sie ein Tagebuch über Ihre Gespräche mit dem Tod.

Erfahrung

Schwester Elisabeth ist eine katholische Nonne, die in der Hospiz-Bewegung arbeitet. Sie selbst empfand sich als noch sehr jung für den Beruf der Sterbegleitung – sie war 38 –, aber seit sie eine Freundin, die frühzeitig an Krebs starb, bis zum Tode pflegte, ist ihr bewußt geworden, daß kein anderer Beruf als dieser so sehr der Berufung nahekommt, die sie in sich spürt. In dieser Übung erlebte sie zum erstenmal eine Verbindung zwischen den Träumen, Wünschen und Sehnsüchten ihrer Kindheit – sie war ein sehr religiöses Kind – und ihren bisher noch undefinierten Altersvisionen. Der Eintritt in den Orden war für sie Ausdruck für die Entscheidung, ihren Träumen treu zu bleiben. Die Beschäftigung mit dem Tod brachte sie der Kindheit nahe. Die Kirche, die religiöse Konfession, boten ihr den lebensnotwendigen Schutz in einer Zeit, da, wie sie sagt, „die Würde abhanden gekommen ist." Im begleitenden Miterleben des Sterbeprozesses fand sie jene Würde wieder, die sie im alltäglichen, profanen Leben vermißte.

Für sie war die Übung „Der Tod als Verbündeter" ein interessantes Experiment, wie weit sich mit solch ernsten Angelegenheiten spielen läßt und ob die gespielte Todesüberschreitung „überhaupt etwas bringt". Sie war zutiefst bewegt von dem, was sie am eigenen Leibe spürte. Vor allem als sie mit dem Rücken zum Leben, außerhalb der Lebenslinie, am Endpunkt stand und ihr Leben von den Wolken auf die Erde herabschauend beschrieb, empfand sie eine fast unerträgliche Energie in ihrem Rücken. Das war die Rückendeckung, die sie nun aus dem Tode mit ins Leben zurücknehmen wollte.

Es fühlte sich an, wie wenn die Verbindung mit dem Tod und mit der jenseitigen Erfahrung durch eine Silberschnur, eben jenem sprichwörtlichen seidenen Faden, aufrecht erhalten würde. Sie bemerkte, daß es zunehmend schwierig wurde, den Faden nicht zu verlieren und sich nicht ablenken zu lassen, je mehr sie sich der Gegenwart näherte. Sie mußte mehrere Versuche unternehmen, bis es gelang, aber als es dann soweit war, erlebte sie eine mächtige Weite und ein außergewöhnliches Raumgefühl, daß ihr die Ohren sausten und ihr schwindlig wurde. Die Haare schienen sich ihr aufzustellen, und sie hörte so etwas wie Donnergrollen.

„Grad' wie in der Bibel" rief sie aus und erinnerte sich später an die Berichte christlicher Mystiker.

Was ihr in der Todeszone und der Zone des Jenseits auch aufgefallen war: da ging es ganz familiär zu, es fühlte sich an, als sei da eine Großfamilie in ihrem Rücken versammelt gewesen. Sie sei Teil dieser Familie gewesen und habe sich darin unendlich behütet und aufgehoben gefühlt. Sie konnte in ihrem Erleben eine Verbindung zu den christlichen Metaphern der göttlichen Familie, der Dreieinigkeit und der Heimkehrung des verlorenen Sohnes zum Vater sehen. „Wissens'", sagte sie, „ich hab' ja nie gedacht, daß des stimmt, mit dem Gottvater – aber da ist was dran!" Allerdings spürte sie auch die starke Anwesenheit von Gottmutter als Gleichgestellte und Ebenbürtige und wunderte sich, daß die Kirche „sich so damit hatte. Wo's doch so natürlich ist!"

Der Raum des erfüllten Lebens

Was braucht es, um ganz da, ganz in der Gegenwart, ganz dabei zu sein? Wenn wir uns diese Fragen stellen, sind wir dabei, die Bedingungen für das Erlebnis der Lebensfülle herauszufinden.

Als erstes fällt uns dabei auf, daß es sich nicht um jenen kurzen Moment handelt, in dem Vergangenheit und Zukunft aufeinandertreffen und eine flüchtige, unverbindliche, nicht haftende Gegenwart erschaffen, sondern um einen Raum. Ein Gefühl der Weite und zugleich der Körperlichkeit begleitet das bewußte Inbesitznehmen dieses Raumes, der sich aus Momenten und Akzenten, sowohl der Zukunft als auch der Vergangenheit, nährt. Diese Momente sind leibhaftig, d. h. sie haften an und werden im Gedächtnis des Körpers gespeichert. Sie sind wahrhaftig, insofern sie gesammelt und mit dem Maßstab der vergangenen Erfahrungen von Wahrheit gemessen werden. Lebensfülle entsteht durch die Fähigkeit, Erlebnisse zu bewahren, zu halten, anhaften zu lassen. Es entsteht eine Art Container, ein Gefäß, aus dem immer wieder geschöpft werden kann, ein Ort der Aufbewahrung, der sich aufsuchen läßt als Ort des Schutzes, der Orientierung, des Ausgangs und Eingangs. Es ist ein Ort, der unsere Anwesenheit annimmt, in dem sich alle unsere Seelenanteile, mögen sie noch so verstreut und zersplittert sein, einfinden können. Er ist groß genug dafür und gibt so Raum für die Wesen, die in uns wohnen, für das, was wir unser Wesen nennen, das, was uns wesentlich ist und das sich aus der Ganzheit ergibt. Die Gegenwart als Raum, der sich öffnet und weitet, der sich unserem Bewußtsein als Ausgangsort für innere Reisen eröffnet. Diese Gegenwart muß sich nicht von Anfang an so zeigen, sondern kann sich im Laufe der Einübung zu dem gestalten, was uns als Weise des Soseins und Daseins ganz einfach, ganz selbstverständlich und ganz natürlich erscheint. Aber erst einmal erweist es sich als ein hochgestecktes Ziel, das den Anspruch erhebt, uns der Macht der Gewohnheiten zu entziehen.

Übung

Diese Übung hat zum Ziel, die Gegenwart aus der Enge von Angst und Sorge in die Weite des Denkbaren, Fühlbaren, der Möglichkeiten und Chancen zu überführen und uns in Kontakt zu bringen mit unserem Potential. Das Potential liegt sowohl in der Vergangenheit als etwas, was erinnert, und in der Zukunft als etwas, das gedacht werden kann. Die Übung bringt uns also in Kontakt mit Vergangenheit und Zukunft, jedoch in der Form, das beide sich in der Gegenwart einfinden, um diese zu erweitern und zu bereichern. Es geht also darum, Vergangenheit und Zukunft in die Gegenwart mit hineinzunehmen und das Potential, das in Vergangeheit und Zukunft liegt, an die Gegenwart zu binden, d.h. es zu vergegenwärtigen.

Die Übung besteht in einem einfachen Schwanken, das im Sitzen ausgeführt wird und ganz klein beginnt. Es ist ein Vorlegen des Körpergewichts, eventuell Unterarme und Ellenbogen auf den Oberschenkel abstützend, und dann ein Ablegen nach hinten, eventuell auf bzw. über die Stuhllehne. Die Vorwärtsbewegung geschieht mit dem Ausatmen und wird assoziiert mit Konzentration, Focussierung, Verdichtung und Verengung: es ist, als ob man auf den Punkt kommen und einen genauen Plan ausarbeiten wolle. Das Ausatmen ist wie ein „Dampf ablassen". Es läßt alle Aufblähungen abflauen und abfließen, es entleert dabei den Körper von allem überflüssigen Ballast und führt von oben nach unten weg, von der Oberfläche hinunter in die Tiefe, wo das ist, was „im Grunde" besteht.

Die Rückbewegung hingegen ist ein erleichtertes Aus- und Einatmen, das neue befreite Weite in den Körper bringt. Der Körper füllt sich mit Atem und füllt sich mit angenehmen Erinnerungen, die die Vergangenheit herbeiholen: Es mag sich ein wehmütig nostalgisches, aber auch ein bereicherndes, selbstbestätigendes und versöhnliches Gefühl einstellen. Die Erinnerungen sind wie ein Schatz, die der Körper bewahrt und dessen Kostbarkeit er sich jetzt vergegenwärtigt. Das Ausatmen hingegen drängt zu einer Verdichtung des Erlebten, zu einer Konsequenz der Erlebnisse, als würde etwas, was in der nach vorne gekauerten Haltung ausgedrückt wird, fragen: Und was heißt das jetzt? Gleichzeitig kann sich der zukünftige Ausdruck auf die Weite und den Reichtum des Erlebten in der Vergangenheit berufen und so seine ganze Fülle entwickeln.

Die Übung besteht nur aus einem sanften, langsamen, bewußten Wechseln zwischen Vor- und Zurückschwanken. Durch diese Bewegung entsteht immer mehr eine Verbindung zwischen den beiden Zuständen.

Erfahrungen
Irina ist Journalistin und leidet unter schrecklichen Migräneanfällen, die ihr die Arbeit verleiden. Es fällt ihr schwer, sich an den Schreibtisch zu setzen und ihre Artikel zu schreiben. Immer wenn sie gute Ideen hat und sich die Sätze fließend in ihrem Kopf gestaltet haben, ist plötzlich der ganze Schwung draußen, sobald sie am Tisch sitzt. Es ist, als hätte sie „Stroh im Kopf". Sie fühlt sich plötzlich leer, „wie vernagelt", abgeschnitten vom Strom der guten Ideen und Einfälle, und kein Satz mag sich mehr fließend gestalten. Die Übung wurde zu ihrem Alltagsritual, weil sie sich erlaubte, sich öfters einmal nach hinten zurückzulehnen, die Augen zu schließen und in den Schatz der Erinnerungen einzutauchen. Am Anfang schlief sie oft dabei ein oder war „total weg" und genauso „vernagelt, sobald sie sich wieder nach vorne zurechtsetzte, um wieder zu schreiben. Sie gewöhnte sich jedoch an, den Wechsel von hinten nach vorne langsamer zu machen, als wollte sie die Fülle, die hinten war, ganz vorsichtig und behutsam nach vorne bringen. Wenn sie vorne ankam und sich wieder leer fühlte, schwankte sie ein paar mal hin und her und verbrachte längere Zeit mit dieser scheinbar nutzlosen Tätigkeit.

Dabei fiel ihr ein, daß sie dies als Kind auch getan hatte, auf einem Stuhl, der umzukippen drohte und den sie ihr Pferd nannte. Oder sie erinnerte sich daran, wie es gewesen war, wenn sie endlos auf einer Schaukel schaukelnd sich weit nach hinten legte, um sich dann im richtigen Augenblick mit allem Gewicht und allem Nachdruck nach vorne zu bringen und so an Beschleunigung und Höhe zu gewinnen. Allmählich ließen sich durch diese Rituale des Hin- und Herschwankens, des Vor- und Zurücklehnens, verbunden mit dem Ein- und Ausatmen und der bewußten Bedeutungsgebung Vergangenheit – Zukunft und Erinnerung – Vorhaben, nicht nur ihre Kopfschmerzen, sondern auch ihre Schreibblockaden lösen. Sie schrieb nun „einfach aus der Gegenwart heraus". Sie beobachtete sich nun nicht mehr kritisch als Außenstehende, sondern blieb in der Gegenwart, die sie wie ein Reittier von der Erinnerung in die Planung hineintrug.

Im selben Kurs mit Irina war ein Pantomime und Schauspieler, der fasziniert war von Irinas ausdrucksvoller Körpersprache. Er entwickelte aus dem Stegreif einen weiteren Bewegungsablauf, der Elemente von Irinas Körpersprache mit einbezog. Das Vornüberlehnen wurde hier verbunden mit einer Geste der Verzweiflung, die darin bestand, mit der Faust oder flachen Hand an die Stirn zu schlagen und deutlich signalisierte, was es heißt, sich den Kopf zu zermartern, sich den Kopf zu zerbrechen und sich selbst als Vollidiot zu fühlen. Diese Verzweiflung über sich selbst wurde im Zurücklehnen karikiert durch eine Geste des Haareraufens, d.h. sich ziemlich unsanft durch die Haare fahren, sie am Schopf packen und den Kopf nach hinten ziehen. Irina erkannte sich in diesem vorgespielten Verzweiflungsanfall wieder und mußte über sich selbst lachen. „Aber irgendwie tut es gut", meinte sie, „es belebt, massiert die Kopfhaut, weckt das Gesicht aus seinem verbackenen, breiigen Dämmerzustand auf."

Nun variierte der Mime das Thema leicht und stellte eine neue Abfolge von Gesten dar. Statt der Geste „sich ans Hirn greifen" schlug er vor, das Gesicht in die Handflächen nach vorne abzulegen und dabei mit Daumen und Mittelfinger der rechten Hand zwei Punkte neben den Nasenflügeln ganz leicht zu drücken, als wolle man sich schneuzen. Das war eine Geste der Konzentration, die gleichzeitig befreiend für die Nase war, wenn man „die Nase voll hatte". Irgendwie konnten die Schleimhäute besser abschwellen, die Reizung abklingen und sich eine wohltuende Kühle und Stille verbreiten. Das sollte mit dem Ausatmen geschehen, um all den Schleim, der die Nase, das Hirn, den ganzen

Kopf vollmachte, abfließen zu lassen. Die Bewegung nach hinten war genau das Gegenteil: ausufernd, melodramatisch, bühnenwirksam. Es war ein Auflegen der nach oben gekehrten Handschale auf die Stirn, wobei der Kopf langsam in den Nacken glitt und die Hand nach hinten abstrich, um in einem weiten Bogen die ganze „Tragweite" des Erinnerten abzubilden. Der Mime erzählte, dies sei eine Geste aus der Commedia dell'Arte, durch die – meist von Frauen – signalisiert werde, daß die Grenze des Tragbaren erreicht und sie einem Zusammenbruch nahe seien. Diese Geste hatte Stil. Und zusammen mit der der vorgehaltenen Hand vor dem Gesicht verband sie sich zu einem einprägsamen Ritual. Irina war begeistert, sie fühlte sich zutiefst erkannt, verstanden und in ihrem Wesen angenommen. „Wahrscheinlich bin ich eigentlich total hysterisch und habe den falschen Beruf ergriffen, ich hätte Schauspielerin werden sollen!" meinte sie. Je mehr sie sich in den Ausdruck hineinsteigerte, desto mehr erlebte sie eine befreiende Weite. Entscheidend war für sie die Komponente des Spielens und Ausspielens.

Maria war in ihrer Jugend magersüchtig gewesen, und immer noch hatte sie ein Verhalten, das auf Eßstörungen und auf eine Suchtstruktur hinwies. Wie sie selbst sagte, war sie nie eins mit sich selbst. Was der eine Teil wollte, mußte der andere Teil wieder aufheben, schlecht machen, vernichten. Sie hatte Angst, auf ihre Vergangenheit angesprochen zu werden, denn zu dem magersüchtigen Verhalten kam ein Selbstmordversuch, den sie überlebt und der paradoxerweise Heilung gebracht hatte. Von da an war sie „vernünftig" geworden, und so war sie heute eine „normale" Frau von 38 Jahren. Sie hatte eine gute Figur, trotz der Freßanfälle, die sie vor allem nachts, nach einem arbeitsreichen Tag, überkamen. Sie arbeitete als Fotomodell und achtete dementsprechend darauf, alle Anzeichen des Alterns zu verdecken.

Auf ihren Beruf angesprochen und konfrontiert mit der Frage, wie sie sich das Alter vorstelle, antwortete sie mit einer wegwerfenden Bewegung: „Es ist doch alles Maske. Schauen Sie, was ich biete und verkaufe, das bin nicht ich. Das ist irgendwas, was die Leute brauchen oder zu brauchen meinen und deshalb kaufen. Sie kaufen mich als Ideal der unbeschwerten Jugend, wenn die wüßten!" Ich sprach ihr meine Anerkennung dafür aus, sich überhaupt in eine Gruppe mit dem Thema Altern zu wagen, und schlug ihr ein Experiment vor, das – dafür garantierte ich ihr – ohne Konsequenzen bleiben würde, wenn sie das nicht wollte. Es sollte alles spielerisch auf der Ebene des Als-Ob bleiben. Sie willigte ein. Als erstes schlug ich ihr vor, im Stehen mit einem leichten Schwanken zu beginnen. Das Schwanken nach hinten sollte mit geschlossenen Augen geschehen und sie innerlich in Kontakt mit dem bringen, was sie als das Uneigentliche bezeichnete. Alles das, was in ihrer Vergangenheit Vorstellung und Verstellung, reine Maske gewesen sei, das solle sie jetzt berühren und sich davon berühren lassen. Es war ja nur eine ganz leichte und kleine Bewegung, denn sie sollte nicht riskieren, aus dem Gleichgewicht zu kommen. Sie sollte nur soweit nach hinten gehen, wie sie es mit ihrem Gleichgewicht vereinbaren konnte.

Das Eigentliche sollte sich im polarisierten Unterschied dazu im Schwanken nach vorne offenbaren, begleitet von der Frage: Wer bin ich eigentlich? Was will ich eigentlich? Diese Fragen sollten jedoch nicht verhindern, daß die Vergangenheit des Maskenhaften und Uneigentlichen ausgegrenzt würden. Im Gegenteil: mit jedem Vorschwanken, das auf das Eigentliche hinführte, sollten die Vergangenheit und all die gemachten Erfahrungen eingeholt werden, um „für sich zu sprechen" und ihre Richtigkeit, Wichtigkeit zu begründen. Maria machte diese Übung ein paarmal. Schon nach wenigen Malen blieb sie stehen und schüttelte erstaunt den Kopf. „Es ist eigenartig", sagte sie, „wie diese kleine Bewegung des Vor und Zurück alles zusammenbringt. Ich verstehe jetzt, irgendetwas verstehe ich, kann es noch nicht in Worte fassen, die Konturen meines Körpers, sie sind konstanter geworden. Es ist nicht: mal dick, mal dünn, mal zu dick, mal zu dünn, sondern so wie ich eben bin, und dieses Gefühl begleitet mich „durch dick und dünn". Meine Vergangenheit gehört mir, ich bin stolz darauf. Na, so eine Vergangenheit hat nicht jeder! Und ich bin froh, so alt geworden zum sein, denn nun kann ich davon erzählen."

Ich bat Maria, mir das in einem Blick zu zeigen. Sie war als Model ja gewohnt, in einen Blick, eine Haltung alles hineinzulegen, was sie zu bieten hat, und sie selbst nannte sich die „Augenblick-Schauspielerin". Der entscheidende Augenblick war der, der das Klick des Fotographen bedeutete. Da mußte dann „alles im Kasten sein". Nun bat ich sie, sich vorzustellen, daß plötzlich, aus Gründen, die wir nicht kennen, eine entscheidende Wende im Volksgeschmack eingetreten sei und die Leute nurmehr alte Menschen in neuen Klamotten sehen wollten. Keine jungen, fitten, strahlenden Menschen mehr, sondern alte, hinkende, humpelnde, faltige. „Wissen Sie", sagte sie heftig zu mir und war plötzlich herausgerissen aus dem Spielcharakter der Situation, „ich habe mir ja einiges von Ihnen bieten lassen, aber das nicht. Also wenn das eintrifft, daß Behinderte Mode machen, dann esse ich einen Besenstiel!" „Sagen Sie doch lieber, dann esse ich Hummer", erwiderte ich, „schließlich wäre das ein Grund zum Feiern!" Gut, darauf einigten wir uns, und es wurde eine Art Wette. Ich sollte sie zu Hummer und einem exzellenten Wein einladen, wenn sich meine Idee als „Schnapsidee" erwiese, und andrerseits sollte sie mich einladen, wenn es wider Erwarten Anzeichen in der anderen Richtung gäbe, nämlich daß alte Menschen in ihrer Ästhetik „in" und damit gesucht sein würden.

Das Schicksal war mir hold. Bereits nach einer Woche rief mich Maria an. „Haben Sie die Wochenendausgabe der Süddeutschen Zeitung gesehen?“ „Nein“, sagte ich irritiert. „Sie haben wohl keinen Hunger auf Hummer?“ meinte sie. „Doch“, antwortete ich, „vorausgesetzt, er ist frisch.“ „Oh, ich weiß da einen Ort, wo er ganz frisch ist, und ich habe uns einen Platz reserviert.“ „Ah“, sagte ich, neugierig geworden, „und wer zahlt?“ „Oh“, meinte sie kokett, ganz wie ich es von ihr gewohnt war, „das geht auf Kosten des Hauses.“ Nun war ich wirklich neugierig geworden. Ich warf mich in meine beste Ausstattung, aber sie übertraf mich um einiges. „Sie sollten das Psycho-Zeug lassen“, sagte sie zur Begrüßung strahlend, als mein fragender Blick sie traf, „und Marktberaterin werden.“ Ich setzte mich. Der Hummer wurde serviert. „Und was veranlaßt Sie zu dieser Bemerkung?“ sprach ich meinen Dialog filmstilgerecht. Mittlerweile hatte sich meine Neugierde so gesteigert, daß ich zu schwitzen begann. „Nun“, sagte Maria, „stellen Sie sich vor, da komme ich aus diesem Kurs, den ich gar nicht ernst genommen habe, so ein Psycho-Kram, denke ich mir, und will zur Tagesordnung übergehen, schlage die Zeitung auf, und da steht in der Wochenendbeilage breit geschrieben: Mode ab 80, und die Models sind alle über 80! Natürlich kann und soll man das Zeug auch vor 80 tragen, aber abfotographiert sind so alte Schachteln, wie wir immer zu sagen pflegen, aber die haben so was, die haben so was … Menschliches, und das macht einfach an.“

Wann die Lebensmitte eintritt, ist nicht vorauszusagen, ebenso wie der Zeitpunkt des Todes nicht vorhersehbar ist. Auch wird der Zeitpunkt der Lebensmitte von den Menschen unterschiedlich früh oder spät im eigenen Leben angesetzt, und diese Wahrnehmung wird in verschiedenster Weise gedeutet. Von einer Krise der Lebensmitte wird gesprochen, wenn negative Gefühle die Einschätzung des bisherigen Lebens begleiten. Ein häufiger Ausdruck dieses Lebensgefühls sind Aussagen wie: „Es ist alles sinnlos gewesen" oder „es ist alles umsonst gewesen" und „ich habe alles falsch gemacht." Aus einer solchen Interpretation der Vergangenheit resultiert eine wenig anregende Lebensperspektive und meist so gut wie gar keine Hoffnung auf die Zukunft.

Der Satz „alles ist sinnlos" macht keinen Unterschied zwischen besser und schlechter. Die Krise wird als ein düsteres Einerlei, als ein Stimmungstief gedeutet, das die Aussicht auf eine Veränderung zum Guten hin unwahrscheinlich macht. Dabei wird jedoch der positive Aspekt einer Krise nicht gesehen. Eng verwandt mit dem Wort Krise ist Kriterium, es entstammt dem Altgriechischen und bedeutet „unterscheidendes Merkmal". Mit einem Kriterium habe ich also ein Merkmal, ein Mittel an der Hand, mit dem ich Unterscheidungen treffen, Unterschiede machen kann. Die Krise als eine Phase, in der am Ende eine Entscheidung fallen wird, ist also eine Chance: Sie bietet die Möglichkeit der Unterscheidung und damit der Wahl, und sie zwingt zu einer Entscheidung für die Zukunft.

Übung

In dieser Übung wird es darum gehen, das vernichtende Urteil: „Alles sinnlos!" zu entschärfen und als erstes einen Sinn in der sorgsamen Unterscheidung zwischen besser und schlechter aufzubauen. Das mag zunächst ungeduldig machen, denn Radikal-Aussagen wie „Alles sinnlos!“ haben ein Gutes an sich: sie beruhigen den Geist, indem sie die Bilanz durch ein endgültiges Urteil abschließen und nichts mehr offen lassen. Das verringert zwar die Lust am Leben, denn was könnte sich jetzt noch an Sinn einfinden, aber es verringert auch die Spannung, noch auf eine entscheidende Veränderung – zum Besseren – zu warten bzw. sich selbst darum zu bemühen. Es wird also darum gehen, diese Verschlossenheit dem Schicksal gegenüber wieder aufzuheben und sich dem Möglichen oder auch Unmöglichen, dem Wunderbaren zu öffnen.

Dies setzt einen Wechsel auf eine andere Ebene als die des gewohnten Urteilens und Bewertens voraus, und so wird sich diese Übung ohne Worte vollziehen. Hier ist eine Gruppe von Menschen, die mitspielt, unerläßlich. Wenn Sie die Übung alleine machen wollen, können Sie vor Ihrem inneren Auge das Geschehen abspielen lassen wie einen Film in Ihrer Phantasie.

Sie stehen wieder auf Ihrer Lebenslinie, die Sie vorher auf und ab gegangen sind, um genau festzulegen, wo die Krise sich als Zeitpunkt befindet. Sie finden sich also im „heißen“ Bereich der Krise ein und lassen diese, nach rückwärts, zur Vergangenheit gewandt, auf sich wirken. Sie schauen in Ihrem Leben zurück, und vielleicht fällt Ihnen jetzt schon etwas ein, was Sie in die Zukunft nehmen möchten. Das können Fähigkeiten sein, derer Sie sich jetzt erinneren und die Sie vielleicht nie wirklich anerkannt haben. Oder es können Momente des Glücks sein, die wie Pluspunkte für das Leben verbucht werden können. Es können also Gefühle, innere Bilder, Erinnerungen, aber auch Ideen und Phantasien sein, die Sie sich jetzt vergegenwärtigen und nicht in der Vergangenheit belassen möchten, sondern die Sie als wert erachten, in die Zukunft mit hineingenommen zu werden. Es können Personen sein, Situationen, Tätigkeiten, Erlebnisse, und wenn Sie sich dafür entschieden haben, können Sie aus der Gruppe Menschen auswählen, die diese inneren Werte verkörpern.

Diese inneren Werte stehen nun vor Ihnen, ausgewählt und dazu bestimmt, in die Zukunft zu gehen. Das wird jetzt ganz konkret geschehen: Sie drehen sich um und schauen somit nach vorne in die Zukunft. Im Rücken haben sie den Chor der inneren Werte. Eine Person nach der anderen wird nun an Ihnen vorbei gehen und sich im Bereich der Zukunft aufstellen. Es bildet sich eine lockere Gruppierung, die die Lebenslinie frei läßt. Wenn Sie nun den Weg von der Gegenwart in die Zukunft hineingehen, Schritt für Schritt, wird es darum gehen, die Attraktivität der inneren Werte zu erspüren und genau zu unterscheiden, was ihren Wert ausmacht, um sich dann für sie entscheiden zu können.

Mit jedem Schritt üben Sie diese Entscheidung. Sie können die Sicherheit, Klarheit und Eindeutigkeit, mit der Sie sich für die inneren Werte, und zwar für jeden einzelnen, entscheiden, tatsächlich einüben! Machen Sie als Übung Schritte auf die Werte zu, Schritte ins Leben hinein. Üben Sie die Entscheidungsschritte, als wären es Tanzschritte in Ihrem Lebenstanz!

Übung

Die nächste Übung ist wieder allein (in der Vorstellung) oder besser in einer Gruppe zu machen. Die Anordnung ist genau wie in der vorhergehenden Übung, nur stehen Sie diesmal von Anfang an mit dem Gesicht zur Zukunft, spüren die Vergangenheit im Rücken und lassen sich überraschen, was in der Vergangenheit für sich oder für Sie spricht. Es ist wichtig, daß sich die Begleiter, die nun die Rolle all derer oder all dessen, was für sich oder für Sie spricht, übernehmen werden, nicht vorher abgesprochen haben. Sie sollen sich ganz nach ihrem Gefühl in Ihrem

Rücken versammeln und schließlich, wenn die Zeit reif ist – also ganz nach dem Maß und der Intuition der Spieler – an Ihnen vorbei nach vorne kommen und vor Ihnen in Ihrer Zukunft stehen. Es ist wichtig, daß auch Sie selbst sich keine Gedanken machen oder durch voreingenommene Meinungen von sich selbst sich ein Bild machen, das dann dem heilenden Prozeß im Wege steht. Entspannen Sie sich, warten Sie es ab, nehmen Sie es als Meditation oder als Überraschung. Und Sie werden überrascht sein, was da aus den Tiefen Ihrer Seele an Möglichkeiten, Chancen und Potentialen aufsteigt und sich offenbart! Halten Sie sich diese Überraschung offen, indem Sie alte Gewohnheiten und Selbstbilder – und sei es nur für die Zeit dieser Übung – in den Hintergrund treten lassen.

Übung

Die nächste Übung ist alleine zu machen. Sie sitzen, liegen oder stehen entspannt und lassen Ihren Atem hörbar werden. Ihr Atem vertieft sich, wird länger, ruhiger. Ihr Mund öffnet sich zu einem Vokal, zu einem langen, tiefen und ruhigen A. Sie lassen das A in Ihrem Körper herumwandern und an allen Zellen anklopfen, sie in Schwingung bringen. Und dann lassen Sie das A in den Raum strömen, als sei es eine freudige Botschaft. Und dann, wenn Sie sich ganz sicher mit dem A sind, machen Sie daraus ein Ja. Sie müssen nicht überlegen, zu was Sie da Ja sagen, denn Sie singen, und es ist kein Ja, das Sie als Bestätigung oder Verpflichtung von sich geben müssen. Es ist ein Ja, das immer da ist. Jetzt geben Sie diesem Ja eine Stimme, einen Atem, einen Ton.

Erst wenn Sie mit dem Ja ganz sicher sind, können Sie nun ein gesprochenes Nein zwischen die Jas einfügen, ganz wie es Ihnen einfällt. Sie können einmal Ja und einmal Nein singen, flüstern, sprechen, rufen, schreien. Wichtig ist, daß Sie nicht bei jedem Ja und bei jedem Nein nachdenken, was es bedeuten soll. Geben Sie sich ganz in diese Improvisation hinein und genießen Sie den Klang Ihrer Stimme. Wenn Sie wollen, können Sie sich auch auf Tonband aufnehmen und später anhören, fast so als wäre es eine andere Person, um die es hier geht. Lassen Sie die Töne und Klänge auf sich wirken und lassen Sie den Gesamteindruck entstehen, ohne zu denken. So werden Sie Ihre Intuition mehr als ihre Logik zur Sprache kommen lassen.

In der Mitte des Ja-Kreises

Übung

Diese Übung kann nur in einer Gruppe gemacht werden, obwohl Sie natürlich auch in der Vorstellung der Übung interessante Ergebnisse erzielen können. Es bildet sich ein Kreis von Ja-Sängern. Jeder in der Gruppe hat die Möglichkeit, einmal in den Kreis zu gehen und im Ja zu baden. Dabei kann man sich bewegen, z. B. um die eigene Achse wirbeln, oder auch nur ruhig stehen. Man kann sich hinlegen und eine Decke über den Kopf ziehen und „nachbacken", das grundlegende, bedingungslose Ja zum Leben, das in der Kindheit die wichtigste Nahrung bildet, ganz in sich aufsaugen und den Nachholbedarf aus der Kindheit stillen. Man kann auch sitzen und den Stuhl als Thron einsetzen. So wird man zu einem Herrscher über ein Volk, das einem bedingungslos vertraut, so daß man aus dieser Machtposition heraus verpflichtet ist, wirklich Verantwortung zu übernehmen.

Sich in die Ja-Achse stellen, setzen oder legen

Übung

Diese Übung wird zu dritt gemacht: Zwei stellen die Achse dar, indem sie im Sitzen oder Stehen zueinander gewandt das Ja wie eine Brücke zwischen sich aufbauen. Zusätzlich können sie noch die Arme mit einer Ausstrahlung, die sich bis durch die Fingerspitzen und darüber hinaus ausbreitet, erheben, so daß sich auch als äußeres Bild eine Verbindung zwischen den beiden herstellt, wobei die Fingerspitzen sich nicht berühren. Als Kribbeln in den Fingern fühlt es sich jedoch oft genau so an, als wäre man zum Anfassen nahe. Doch zwischen den beiden Jas soll noch genügend Platz sein für die Person, die im Mittelpunkt des Geschehens steht oder auch sitzt oder liegt.

Die Ja-Triade von Vater, Mutter und Kind

Übung

Zu dieser Übung benötigen Sie eine Begleiterin und einen Begleiter, die sich bereit erklären, an Mutters und Vaters Stelle zu treten. Natürlich können Sie diese Übung auch allein in der Vorstellung machen, und am Anfang ist es vielleicht sogar besser, sich erst einmal in der Vorstellung mit so intensiven Inhalten vertraut zu machen. Es ist nicht ganz vorzustellen, daß Mutter und Vater, so sehr sie einen auch geliebt haben mögen, einen mit einem bedingungslosen Ja angenommen haben. Das übersteigt oft das Maß des Menschenmöglichen, aber in der Vorstellung, im Spiel oder Ritual tut es gut, sich solcher positiven Bedingungslosigkeit auszusetzen. Die Übung wird nur darin bestehen, daß Mutter und Vater die Hand auf das Kind legen und in einem Art Wechselgesang sich ein anerkennendes, bestätigendes, ein bedingungslos annehmendes Ja zurufen, das heißt, daß Sie als Kind mit diesen idealen Eltern überall hingehen. Auch wenn Sie auf Ihrer Lebenslinie Bereiche haben, die Sie gerne unterstützen und verstärken möchten, so ist jetzt die Gelegenheit dazu gekommen.

Ja-Strom und Nein-Blöcke

Übung

Sie stehen wieder auf Ihrer Lebenslinie im Punkt der Gegenwart und schauen in Richtung Zukunft. Hinter Ihrem Rücken in der Vergangenheit versammelt sich ein „Chor der Bejahung". Der Chor kann in unmittelbarem Kontakt mit Ihnen stehen und z.B. eine Hand auf Ihren Rücken oder auf die Schultern legen, wenn Sie das wollen. Er kann aber auch in Distanz gehen und von dort aus wirken. Aus diesem Chor lösen sich nach einiger Zeit zwei einzelne Ja-Figuren, die links und rechts an Ihnen vorbeigehen und sich in Ihrer Zukunft aufstellen. Von dort aus schließen sie sich mit den Jas in der Vergangenheit zusammen und bilden eine „Ja-Achse", die entlang der Lebenslinie zwischen Vergangenheit und Zukunft durch Sie hindurchläuft.

Erst wenn die Ja-Achse sich als energetischer Strom fest etabliert hat und Sie wirklich durchströmt, können die Nein-Sager auftreten. Sie werden aus dem Ja-Chor oder auch aus der Menge der Begleiter, die noch keine Rolle übernommen haben, kommen und sich vor Ihnen mit einem Nein (oder auch ohne etwas zu sagen, einfach durch die Körperhaltung Verneinung ausdrückend) aufstellen. Dadurch schieben sie sich zwischen Ihr Zukunfts-Ja und Ihre Gegenwart in der Art von Hindernissen, Vorstellungen und Verstellungen oder vielleicht einfach auch nur Bedingungen. Die Ja-Achse ist damit durchbrochen, aber sie kann so stark sein, daß die Neins überhaupt nicht weiter stören, sich im Gegenteil harmonisch einfügen in das Ganze. Die Neins können aber auch alles abblocken und sich zu wahren Nein-Blocks entwickeln. Die Neins können aus den bedingungslosen Jas bedingte Jas, die berühmten Ja-Abers machen.

Der nächste Schritt wird dann sein, in Kleinarbeit die Bedingungen, die die Neins an die Jas stellen, herauszuarbeiten. Abgeschlossen wird diese Übung durch ein heilendes Ritual, mit dem die Bedingungen anerkannt werden und ihnen weitere Beachtung zugesichert wird.

Die Krise der verfahrenen Situation

Peter, 41, schilderte sein Leben als einen einzigen Flop. Aus seinen Worten sprach die reine Verachtung für sich selbst, für das Leben, für die anderen, die ihm immer gut zureden wollen. Er haßte das, ebenso wie er die Übung „Finde den entscheidenden Unterschied" kategorisch ablehnte. Er machte keinen Unterschied. Bei ihm war alles immer gleich beschissen. Er hatte große Gesten, große Sprüche drauf. Alle Feinarbeit der genauen Unterscheidung wollte er am liebsten abschütteln, denn sie war ihm lästig: Das störte ihn in seiner Konzentration, die er für seinen Beruf braucht.

In der Übung „Finde den entscheidenden Unterschied", die ich im Rahmen eines Seminars machte und in der es darum geht, zwischen besser und schlechter zu unterscheiden und die anstehende Entscheidung aufzuspüren, verweigerte er die Mitarbeit. Die Partnerin, mit der er den anschließenden Austausch machen sollte, weigerte sich ebenfalls mit dem kurzangebundenen Kommentar: „Du bist verfahren, Junge, und ein sturer Bock noch dazu." Er gab, um keine Antwort verlegen, zurück: „Na klar, daß ich nicht den Karren aus dem Dreck ziehe. Dann wäre ja meine Mutter aus dem Schneider." Und er gab sich großzügig, als er noch hinzufügte: „Richtig, meine Mutter ist an allem schuld. Wie's im Buch steht. Recht geschieht ihr, wenn ich auf nichts Lust habe – warum hat sie mich immer zu kurz kommen lassen?" Immer auf der lockeren Blödel-Ebene ließ sich Peter zu einem weiteren Geständnis herab: ja, er fühle sich zu kurz gekommen, und nie gab es genug, deshalb konnte er wohl jetzt nie genug bekommen. Ich vertröstete

Peter auf eine spätere Übung, in der Unterschiede keine Rolle spielten und es nur darum ginge, zu entscheiden, wann etwas ausreichend vorhanden ist. Peter fand das sehr vielversprechend und wartete geduldig die Erfahrungsberichte der anderen ab.

Krisenmanagement in der Sackgasse

Übung und Erfahrung

Petra, 48, Journalistin und Autorin, hat Schwierigkeiten beim Schreiben, obwohl sie eigentlich schon ihr ganzes Leben lang schreibt. Sie meinte, es hinge mit dem Altern zusammen, es sei das Gedächtnis, denn gute Ideen fielen ihr nach wie vor ein, aber wenn sie sich dann an den Computer setzte, dann wären sie alle weg, die Ideen.

„Weg!" Soviel beschwingte Aufbruchstimmung lag darin, daß die Frage nahe lag, ob sie manchmal nicht ganz das Schreiben aufgeben möchte, lieber malen, singen oder tanzen möchte. Petra lachte, wie auf frischer Tat ertappt. Ich schlug Petra vor, die Krise einmal spielerisch anzugehen und so zu tun, als ob sie eigentlich schon aufgegeben und sich von vornherein für das Singen und Tanzen entschieden hätte, nun da sie zu alt zum Schreiben wäre. Petra ging also auf der Lebenslinie entlang, kam von der Vergangenheit her (Vergangenheit ist Schreiben von Jugend an) bis kurz vor den Gegenwartspunkt, also bis zu dem Punkt , wo nach ihrem Gefühl die Sackgasse begann. Ganz bewußt ging sie in der Sackgasse bis in die Gegenwart hinein. Ein scheußliches Gefühl, wie sie sich auch drehte und wendete, Mattscheibe. Nichts fiel ihr ein. Da forderte ich sie auf, doch noch einmal das ekstatische „Nichts" mit der expressiven Wegwerfbewegung zu machen. Sofort kam Schwung in die Angelegenheit. Da saß der Hebelpunkt.

Ich bat Petra, mehr davon zu produzieren, sich so richtig vor uns zu produzieren und es zu feiern, daß ihr nichts, aber auch gar nichts einfiel. Ein kleiner pfiffiger Sketch entstand, der schon beim Zuschauen Lust auf seliges Vergessen machte. Die Starre, der Stau lösten sich. Petra war nun so beschwingt, daß sie ohne weiteres einen Schritt zurück machen konnte – etwas, was sie zunächst ablehnte, weil dann „die ganze Arbeit umsonst gewesen wäre und sie sich über sich selbst noch mehr ärgern müßte". So aber gelang es ihr, bis an den Anfang der Sackgasse zurückzugehen. Und nun geschah das Wunder: Als sie erneut, singend und tanzend und begeistert ihr „Nichts" trompetend in die Sackgasse einzog, war diese aufgelöst. Am Gegenwartspunkt angelangt, fielen ihr die guten Ideen wieder ein, und sie notierte sich eiligst zumindest ein paar Stichpunkte, damit sie zu Hause daran anknüpfen konnte.

Das Wichtigste an der Übung war, dem Mechanismus des seligen Vergessens Anerkennung und Dank zu zollen, denn dieser Mechanismus brachte sie auf die Idee, daß sie eigentlich zu alt sei, ja, nur zu alt wofür? Zu alt, um sich so zu verkrampfen und sich jede Zeile abzuzwingen! Dies schloß aber nicht aus, daß sie nicht zu jung war, sondern alt genug, um schon jetzt das Schreiben von der gelasseneren Warte aus zu sehen bzw. aus dieser Perspektive des beschwingten Lebenstanzes heraus ihre Projekte anzugehen.

Die inneren Werte sprechen für sich

Anschließend an Petras Sketch schlug ich der ganzen Gruppe vor, aus ihrem Beispiel zu lernen und mögliche Fähigkeiten – in Petras Fall singen, schwingen, tanzen, spielen – in sich zu entdecken, zu verkörpern, d.h. Begleiter zu bitten, sie überzeugend darzustellen, und dann als Chorus der inneren Werte hinter sich im Bereich der Vergangenheit aufzustellen. Auf ein Zeichen sollte dieser Chorus nun hervortreten, in die Gegenwart und an die Seite der Person, um deren Lebensgestaltung es geht, eilen, um seine Werte effektvoll zum Einsatz zu bringen bzw. als Reize spielen zu lassen.

Dabei stellte sich heraus, daß gerade diese Werte nicht als solche angesehen wurden, sondern im Gegenteil als wertlos leicht in Gefahr gerieten, weggeworfen zu werden. Vielleicht weil sie zu selbstverständlich, zu spielerisch waren, der Person zu leicht zufielen, zu wenig erarbeitet oder erkämpft worden waren. Gerade diese „wertlosen" Werte erwiesen sich aber als besonders wertvoll, denn sie hatten ihren Wert in sich und waren einfach da, ohne lange herbeigewünscht, herbeigezwungen werden zu müssen. Sie boten sich sozusagen von selbst an und waren auf der Stelle verfügbar. Auffallend jedoch war auch die Scham, die verhinderte, daß diese „wertlosen" Werte sich sofort zeigen durften. Deshalb galt es, in einer eigenen Übung die Scham und was für Beweggründe es noch sein mochten, zu beachten, zu würdigen und zur Kooperation einzuladen.

Die guten Gründe und die besseren Gründe

Man sagt, es werde wohl gute Gründe dafür geben, wenn etwas nicht so geht, wie es gehen soll. Das ist eine gute Art, das Nichtgelingen nicht zu verteufeln, sondern die Kräfte, die da mitspielen, einzuladen und ihre guten Gründe darzulegen. Durch dieses Vorgehen werden kollegiales Einverständnis und Kooperation im Seelenbetrieb gefördert.

Ein guter Grund für Petras Schreibblockade war das alte Programm, den Familienfrieden durch allzu leichten Erfolg nicht zu stören, da Vater und Mutter immer hart arbeiten mußten und Petra der Erfolg nicht einfach so in den Schoß fallen durfte. So hatte Petra Zeit ihres Lebens hart gearbeitet, wenngleich ihr die besten Ideen tatsächlich „in den Schoß fielen " oder „im Schlafe kamen", während die hart erarbeiteten Artikel sich eher zäh lasen. Die guten Gründe also waren dafür zuständig, Vater und Mutter und das gesamte Familienprogramm der Aufbaujahre in den Fünfzigern zu schonen. Die besseren Gründe jedoch argumentierten, daß eben die im Schwung geschriebenen Artikel ästhetisch einen größeren Wert besäßen – bei aller Hochachtung vor der heldenhaften Plackerei der Elterngeneration – und außerdem journalistisch einfach mehr im Zeitgeist lägen. Der Journalismus und die Kunst des Essays wären eben nicht zu vergleichen mit der wissenschaftlichen Forschung, und der normale Leser hätte eben leichte Kost lieber als schwerverdauliche

Die guten Gründe ihrerseits schlugen nun vor, die Eltern anders zu entschädigen. Vor allem in der Triaden-Übung wurde klar, daß ihre Eltern sich im Grunde ihres Herzens nichts sehnlicher wünschten, als ihr Kind bedingungslos anzunehmen und anzuerkennen, denn was sie ihrem Kind auf diese Weise zukommen ließen, würde auf sie dann zurückwirken. Wenn dies aber im Grunde des Herzens und an anderen Orten der Wahrheit so ist, was lohnt es sich dann, mit großem Aufwand einen Vorwand aufrecht zu erhalten, der eigentlich überflüssig ist?

Erfahrung im Ja-Kreis

Übung und Erfahrung

Die Gruppe bildete einen Kreis im Sitzen und ließ sich viel Zeit, aus dem Tönen des Vokals A in ein kontinuierliches, weiches, warmes und tiefes Ja zu kommen. Immer wieder fielen einzelne Stimmen heraus, die schrill, spröde, abgerissen und brüchig das Kontinuum unterbrachen, aber auf Grund der Beharrlichkeit aller gelang es zum Schluß, eine Art Klangteppich zu weben und die Mitte des Kreises bereit zu machen für das Experiment mit dem Ja-Kontinuum.

Peter ging als erster in den Kreis. Diesmal wollte er nicht zu kurz kommen. Er rollte sich eng zusammen, zog sich eine Decke über den Kopf und verharrte so sehr lange. Andere legten, setzten oder stellten sich neben ihm in den Kreis, kamen und gingen. Er blieb. Als er endlich unter der Decke wieder zum Vorschein kam, war sein Gesicht auffällig gerötet im Gegensatz zu seiner anfänglichen Blässe. Er nannte die Erfahrung: „Baden im Ja." Zunächst habe er einen großen Nachholbedarf festgestellt und sich gezwungen, zu bleiben, bis „es reicht". Er war erstaunt, wie lange es ihm noch nicht reichte, ihm, der sonst so anspruchsvoll und arrogant fast jede Filmvorführung in der Mitte verließ.

Dann bemerkte er, daß der Klang der Stimmen im Vordergrund stand und die Bedeutung des Wortes ihn eigentlich nicht kümmerte. Er fragte sich mal kurz, um was es hier eigentlich gehe und zu was er wohl Ja sage, aber er war noch in der Phase des Aufsaugens, des Absorbierens, und das ging weiter so, bis er das Gefühl hatte, sein ganzer Organismus sei von Kopf bis Fuß auf Ja eingestellt. Es war eine Wärme, die ihn erreichte, berührte, wärmte; eine Schwingung, die ihn bewegte. Er nahm dabei wahr, daß er das Ja durch seinen Körper hindurchlassen und sich so sehr wohltuend massieren lassen konnte bis zum Punkt des Kitzels. Dann probierte er aus, wie sich in diesem heiligen Kreis ein Nein ausnehmen würde und dachte zuerst: Nein. Dann sagte er es vor sich hin. Dabei bemerkte er, daß er das Nein voller und überzeugender werden lassen konnte, je mehr er sich mit dem Ja verband und zu sich selbst Ja sagte, sich selbst bejahte.

Nun plötzlich fand er es hochinteressant herauszufinden, was eigentlich den Unterschied ausmachte zwischen Ja und Nein, und plötzlich war etwas in ihm in Bewegung geraten. Er dachte nach und kam zu dem Schluß: Klar, das Nein richtet sich gegen etwas Besonderes. Es gibt immer einen Grund dafür, nein zu sagen. Aber das heißt noch nicht, zu allem nein zu sagen. Wegen einem Nein muß ich mich noch lange nicht selbst vernichten. Das heißt das Ja. Die verfahrene Situation ergibt sich aus der Vermischung, nicht alles ist Ja, und nicht alles ist Nein. Aber um herauszufinden, was der Unterschied, der entscheidende Unterschied ist, muß man erst einmal ja sagen. Dann kam man bewußt auswählen.

Renate beschrieb ihre Erfahrung so: „Ich lag also zwischen den zwei Personen, die es sich im Schneidersitz bequem gemacht hatten und sich in ein Ja-Kontinuum hineinschunkelten. Sie kamen mir wie zwei Marktweiber auf einem afrikanischen Markt vor. Ich hatte die Assoziation, ein Opfer zu sein, hatte mich freiwillig hingelegt, hingestreckt, bereit, alles mit mir machen zu lassen. Ich wollte es wissen. Aber sie ließen mich warten und warten.

Da wurde es mir als Opfer zu dumm, und ich begann, das Warten aufzugeben und statt dessen in mich hineinzuhorchen. Das Ja brandete an mich heran, und ich dachte, steter Tropfen höhlt den Stein. Ich dachte, es ist wie Gehirnwäsche und nur eine Frage der Zeit, bis ich sterbe, denn ich bin ein Fisch auf dem Festland, aus meinem Element herausgerissen, todgeweiht. Ich fühlte die Konturen meines Körpers, wie sie in die Luft ragten. Mir war kalt. Ich versuchte, mehr den Kontakt meines Körpers zum Boden zu spüren, Halt zu finden. Und das war es, das die Veränderung bewirkte: Das Ja gehörte nun zu mir, war ein Teil von mir. Das Ja wärmte mich, weil ich die Wärme zulassen konnte. Ich merkte plötzlich, wie ausgebrannt ich war. Ich nahm das Ja gierig in mich auf. Ich dachte: Das ist der Stoff, aus dem alles gemacht ist. Das ist die Basis, das Fundament, die Zeit, das Maß. Ich lag auf der Ja-Achse wie auf einem fliegenden Teppich. Ich konnte mir wünschen, was ich wollte, ich konnte mein Schiff steuern, wohin ich wollte.

Ich reiste auf dem fliegenden Teppich hin und her, auf der Zeit-Achse von der Vergangenheit in die Zukunft, ich umkreiste aus der Luft den Krisenherd, der ganz entzündet schien, ein Teil meines Körpers, dort wo die Krankheit sich eingenistet hatte und nun als Geschwür herausgeschnitten worden war. Es fühlte sich wie eine hohle Stelle, wie ein leergebranntes Loch an. Ich fuhr hin und her, als wollte ich das Loch stopfen, Fäden darüber weben, miteinander verknüpfen, sie vernähen, und tatsächlich schloß sich das Loch, und zartes gesundes Gewebe wuchs darüber. Ich strich die Narbe aus, indem ich immer wieder darüber hinweg fuhr. Ein wunderbares Glücksgefühl erfüllte meinen Körper.

Immer wieder ging ich zurück an die Stelle in der Vergangenheit, wo etwas schief gegangen war. Ich wußte nicht, was es genau gewesen war, ich wußte nur, es mußte in jenem Sommer vor zwei Jahren begonnen haben, etwas in mir war gerissen, denn ich fühlte die abgerissenen Lebensfäden. Und ich nahm sie sofort auf, hielt sie in den Händen, steuerte mein Bewußtseinsschiff in die Zukunft, an einen Punkt der Heilung und befestigte die Fäden dort, so daß das Loch nicht mehr als Abgrund gähnte, sondern überbrückt worden, gangbar gemacht worden war. Und dann kehrte ich in die Gegenwart zurück und fühlte, wie ich mich im Prozeß der Heilung befand. Ich wußte, ich mußte nur auf diesem Weg bleiben. Das Körpergefühl, das ich eben erfahren hatte, würde mich geleiten."

Erfahrungen in der Ja-Triade

Renate sah sich sofort in einem Bild zusammen mit ihren beiden Eltern, zu dritt, aber unverbunden, jeder gegen seinen Willen in das Bild hineingepreßt. Sie sah sich mit ihren Eltern am Frühstückstisch, Vater las die Zeitung, Mutter wuselte herum, machte irgendetwas, sie selbst saß nur halb auf dem Stuhl, bereit aufzuspringen. Vater sagte in ihrer Phantasie: „Mach, was du willst". Und Mutter sagte: „Du wirst schon sehen, wo du bleibst." In der Aufstellung schauten Vater und Mutter nach hinten, während Renate nach vorne strebte und sich zu befreien suchte. Sie legte Vater die Worte in den Mund: Mach, was du willst. Und Mutter: Kannst bleiben, wo du willst. Dadurch meinte sie, besser ihren eigenen Weg gehen zu können.

Zu dem Experiment, beiden Eltern ein Ja in den Mund zu legen, meinte sie: das ist doch ja. Dabei machte sie eine Geste der Härte und des Desinteresses. Es klang, als könnten die Eltern nur dann ja sagen, wenn sie kein wirkliches Interesse und Engagement fühlten, sondern einfach so dahin schwatzten: ja ja ja ja, schon recht, ja, ja. Daraus klang viel Schadenfreude und Bitterkeit. In dem Experiment jedoch sollten die Eltern über Nacht verwandelt sein und folgende Sätze sprechen: Der Vater: Was auch immer du machst, ich bin stolz auf dich. Die Mutter: Wo auch immer du bist, ich bin froh, daß es dich gibt. Dabei sollten beide jeweils eine Hand links und rechts auf Renates Schultern legen und mit ihr den Schritt in die Freiheit des Erwachsenen gehen. Es ging darum, daß Renate sich zwar von ihren Eltern äußerlich abgelöst hatte, aber innerlich – voller Schuldgefühle einerseits und Ressentiments andererseits – bis heute an sie gebunden ist.

Durch die neu inszenierte, positive Begleitung gelang es Renate, eine Erfahrung zu machen, die sie in der Wirklichkeit bislang nicht gekannt hatte. Sie erfuhr in der Bestätigung, Anerkennung und Wertschätzung ihres Daseins an sich von seiten ihrer Eltern eine Würde und Achtung, die sich auch als Körpergefühl bei ihr tief einprägten. Mit dieser Begleitung wagte sie sich in die Krise ihrer Krankheit und erfuhr weiter, daß die Krankheit, ein Magengeschwür, als Wächter ihrer Selbstachtung immer dann Signale von sich gab, wenn die Grenzen der Selbstachtung nicht beachtet wurden. Renate ging über sie hinweg, „riß sich zusammen, wollte es allen zeigen, wollte jetzt nicht schlapp machen". Für sie war es eine neue Erfahrung, daß Schwäche nicht unbedingt eine Niederlage und Kapitulation sein muß, sondern der Grundstein zu einer neuen Stärke sein konnte. Sie spürte, daß sie all die Jahre aus einem Nein heraus gelebt und sich dabei erschöpft hatte. Mit dem idealen Eltern-Ja an ihrer Seite oder als Rückendeckung hinter sich begann sie ihr Leben neu zu planen.

Das Gewicht der guten Werke

Erfahrungen

Pia, 52, Lehrerin, erzählte: „Ich stellte mich also auf meiner Lebenslinie mit dem Gesicht zur Zukunft im Gegenwartspunkt auf, so daß ich die guten Werke, die sich hinter mir ins Gewicht legen sollten, nicht sehen konnte. Aber ich spürte, wie immer mehr Personen sich dort hinter mir ansammelten. Ich fühlte ihre Masse, tatsächlich, ich fühlte ihr Gewicht. Ich dachte gerührt, so gut bin ich gar nicht, aber sicher wollen sie mir etwas Gutes tun. So viel spende ich doch gar nicht – ich dachte bei den guten Werken vor allem an Spenden, und ich spende selten. Naja, und so stand ich da und wartete ab. Dann kamen die guten Werke langsam nach vorne, einzeln, Person für Person ging an mir vorbei in meinen Zukunftsbereich, und als das geschah, wurde mir feierlich ums Herz. Ich erinnerte mich an das Kindheitsgefühl, vor dem Nikolaus zu stehen, wenn dieser sein großes Buch aufschlägt und unter meinem Namen nachschaut. Ich fühlte mich betroffen, ein wenig ängstlich, ich mußte mir immer wieder sagen, daß es ja um die guten und nicht um die schlechten Werke geht, denn ich hatte irgendwie das Gefühl, etwas ausgefressen zu haben. Sonst kenne ich dieses Gefühl von Ernst in meinem Leben kaum. Wenn alles in Ordnung ist, ist ja alles in Ordnung und kein Grund zur Sorge. Ernst kenne ich also nur aus dem Ernstfall, und der ist dann meist wirklich ernst und nicht zum Lachen.

Da standen also die Leute vor mir und wollten für mich sprechen. Meine Seele sollte abgewogen werden, und sie sollten sich ins Gewicht legen. Sie standen so ruhig und gewichtig da, daß sie sogar mich fast überzeugten. Und dann drehten sie sich um, und ich dachte, jetzt würde es mir wie Schuppen von den Augen fallen, was ich Gutes getan und längst vergessen hätte, aber nichts dergleichen. Ich nahm's nach wie vor leicht. Aber dann kam da ein merkwürdiger Gedanke: Ich kenne sie vielleicht nicht. Aber sie kennen mich. Sie erkennen mich. Und das ist ja das eigentlich Wichtige. Ich ließ das auf mich wirken, daß es gute Werke waren und daß sie mich erkannten. Mir kam ein nächster Gedanke, nämlich, ich bin mir immer treu gewesen. ‚Ja', sagte mein innerer Kritiker sofort darauf, ‚und im Trott, in der reinen Routine bist du gelandet.' ‚Nein', sagte die innere Stimme in mir, ‚das ist etwas anderes. Das fühlt sich anders an.' Ich konnte es nicht in Worte fassen. Ich überlegte natürlich sofort, wie ich diese neue Erkenntnis bzw. dieses neue angenehme Gefühl im Körper, mit den guten Werken vor und hinter mir und der Treue zu mir selbst in meinem Alltag" – hier folgte ein tiefer Seufzer – „integrieren könnte."

Pia hatte uns vorher erzählt, daß die Routine im Schulalltag sie so fertigmache, weil sie ganz aus dem Kontakt mit den Menschen käme und sich trotzdem oder gerade deswegen ständig überlastet fühle mit den Verwaltungsaufgaben. „Ich glaube, es geht darum," sagte Pia schließlich, „Kontinuität zu schaffen. Die guten Werke, das war etwas, was mein Körper erkannte als sein ganz Eigenes. Er hatte es zuvor schon erlebt, immer wieder erlebt, und jetzt sagte er, ah, da ist es wieder, das tut gut! Etwas hatte sich in ihm einen Weg gebahnt, so als würde man einen altvertrauten Weg einschlagen und erleben, wie der Körper sich zu Hause fühlt in dem, was er tut, nämlich den Weg entlanggehen. Aber wie soll ich das im Alltag umsetzen?"

Pia hatte schließlich eine Idee. Seit Jahren machte sie Yoga, eine leichte, aber beständige Körperschulung, und genau das gute Gefühl, das sie bei der Übung jetzt hatte, kannte sie von ihrem Yoga her. Sie meinte plötzlich: „Vielleicht wäre ich eine gute Yoga-Lehrerin? Ich könnte das, was ich mir erarbeitet habe, weitergeben. Das wäre auch eine schöne Altersaufgabe, Yoga älteren Menschen nahebringen. Und offensichtlich vermehrt es das Gewicht der guten Werke! Schon bei dem Gedanken spüre ich die Wichtigkeit dieses Plans!"

Im Ja-Strom den Neins begegnen

Übung und Erfahrung

Ein Leben ohne Nein schien Renate, die ich schon in den vorhergehenden Übungen zum Ja-Kreis und zur Ja-Triade vorgestellt habe, verdächtig, und so wollte sie bei dieser Übung testen, was an Neins noch übriggeblieben sei. Sie wußte sofort, wie sie den Ja-Chor hinter sich als Rückendeckung arrangieren sollte, und auch das Vorgehen der Ja-Gestalten in die Zukunft, wo sie als positive Visionen erscheinen würden, war kein Problem. Das Problem war nur, woher die Nein-Blöcke kommen sollten, wenn alles so gut geregelt war. Ich schlug deshalb vor, jemanden sich in die Ja-Achse hineinstellen zu lassen, ohne daß dabei gesprochen oder irgendeine Anspielung auf mögliche Faktoren in ihrem Leben gemacht wurde. Ein junger Mann erklärte sich bereit, diese Aufgabe zu übernehmen. Die Ja-Achse wurde aufgebaut, das rückendeckende Ja gab genug Motive und Motivation, das Ja in der Zukunft war wirklich sehr attraktiv, und der Ja-Strom floß unaufhörlich zwischen den beiden Polen, erfüllte die Gegenwart.

Nun kam der Auftritt des jungen Mannes, und niemand ahnte etwas Böses, auch er selbst dachte sich nichts weiter dabei, als er in die Achse hineintrat. Sofort spürte er einen fast schmerzhaften Sog, in den er hineingerissen wurde. Es wurde für ihn zur „Zerreißprobe", wie er es später schilderte. Sein Körper reagierte mit einer Kontraktion und Konvulsion, also mit einer sich zusammenziehenden Verdrehung, die sich vor allem im Rücken als ungesund bemerkbar machte. Er konnte gar nicht frontal den Rücken bzw. die Stirn bieten, sondern mußte sich unwillkürlich halb schräg hinstellen, wobei der Körper sich weiter in sich selbst drehte und verdrehte. Er fühlte sich verknotet und in einem sehr unstabilen Gleichgewicht, so als könnte ihn im nächsten Moment alles umwerfen. Renate sagte, er tat ihr furchtbar leid, so leid, daß sie die Übung vorzeitig abbrechen wollte. Sie hatte erkannt, um was es ging: Ihr Bruder hatte die Wucht des negativen Familienprogramms abbekommen. Nun, da alle sich im Ja wiedergefunden hatten, war er der einzige, der das Nein noch hochhielt, der loyal war zu der alten Botschaft der Eltern, daß das Leben ein Kampf und harte Arbeit sei. „Und wirklich", sagte Renate, „er arbeitet sich noch zu Tode. Er kann einfach nicht anders."

Nun bestand der nächste Schritt für Renate darin, nicht nur für sich zuzulassen, daß es heilsame Veränderungen gab, sondern auch, daß ihr Bruder sich durchaus verändern und anders leben konnte. Ich schlug Renate eine Phantasie vor, in der sie ein Wunder geschehen ließ. Über Nacht war es geschehen, der Bruder hatte sich dazu entschieden, sein Leben dahingehend zu verändern, daß er es sich nicht mehr so schrecklich schwermachte. Er konnte also aus seiner Haut und ließ sich eine neue Haut wachsen. Er häutete sich. Zunächst schüttelte Renate immer wieder den Kopf und sagte, so etwas könne sie sich nicht vorstellen, aber ich bat sie beharrlich, ein Märchen zu erfinden, und wenn es sein müsse, ein Weihnachtsmärchen à la Dickens, in dem der hartnäckige Geizhals durch die Geister bekehrt würde. Aber diese Assoziation brauchte es gar nicht mehr, denn

Renate hatte schon herausgefunden, worin das Wunder bestehen könne: Ihr Bruder könnte das schrecklich teure Haus, für das er hohe Hypotheken abzahlen müsse, nur um den Eltern und auch Renate zu zeigen, wie weit er es im Leben gebracht habe, einfach wieder verkaufen. Ob sie das für möglich halte, fragte ich Renate. Sie bejahte es und war begierig darauf, die Übung zu wiederholen.

Diesmal betrat der junge Mann nur zaghaft die Ja-Achse, denn das vorhergehende Erlebnis war ein Schock für ihn gewesen. Er selbst befand sich nämlich in der Phase der Ablösung von seinen Eltern und war erschreckt darüber, daß sogar fremde Familienschicksale noch so eine verheerende Wirkung auf einen Menschen ausüben konnten, wenn sie nicht davon erlöst worden waren. Eine rein geographische Entfernung – er überlegte sich, ins Ausland zu gehen – schien da nur wenig zu nützen. Er tastete sich also in die Ja-Achse vor und fühlte sich zu seiner Verwunderung hochgehoben, aufgebaut, erhöht. Er fühlte sich verpflichtet, sich groß und breit genau in die Mitte zu stellen, frontal Renate gegenüber. Sein Atem vertiefte sich, sein Blick traf auf den von Renate, und eine Zeit hielten sie sich so im Blick fest. Er war erstaunt, daß seine Augen nicht zu tränen begannen. Ansonsten reagierte er leicht allergisch auf Nähe und Intensität. Er fühlte sich durchströmt, gestärkt, genährt, gekräftigt. Aus diesem Gefühl heraus sagte er ein Nein und war erstaunt über seine Stimme: Sie klang gefestigt und ungewöhnlich tief. Das Nein wurde von Renate als Bejahung empfunden. Genau das wollte ich auch sagen: Nein. Dabei war es nicht das, was ich sagen wollte, sondern das Wie, das Nein war einfach eine Information. Sie fühlte sich versucht zu fragen: Nein? Erzähl mir mehr darüber! Wieder kam ein Nein. Sie horchte dem Nein nach. Es schien das Ja zu bestätigen. Es gab ihr selbst mehr Kontur und Festigkeit. Sie fühlte genau, daß sie und ihr Bruder einer anderen Zeit angehörten als ihre Eltern, und daß sich im Lauf der Zeit vieles verändert hatte. Was Ja gewesen war, war Nein geworden, und was Nein war, wurde Ja. Nein und Ja standen miteinander im Dialog. Aber das Ja war die Basis. Das Nein war einfach die Information, der Inhalt. Das Ja war das Gefäß, ohne das sich das Nein verzettelte. „Jetzt verstehe ich, was die Leute meinen, wenn sie von der Krise als Chance sprechen", sagte Renate. „Es ist also nicht nur so ein leichtfertiges Darüberhinweghuschen!"

Die Lebensspanne umspannen

„Mitten im Leben sind wir vom Tod umfangen", so geht ein altes Kirchenlied, das noch aus der Zeit stammt, da der Tod zum Leben und zum Alltag gehörte. Das Leben und seine Zeitspanne erscheinen darin wie eine Insel im Ozean Ewigkeit, Anfang und Ende als Begrenzungen, die dem Menschen vor Augen stehen. Für den frommen Menschen früherer Zeit geschahen alle Tätigkeiten und Handlungen „sub specie aeternitatem", also im Angesicht der Ewigkeit. Alles war relativ, alles wurde in bezug zum Absoluten, zu Gott, zur Ewigkeit gesetzt. So entstand jene Seelenpflege und Innerlichkeit, in der sich das Gewissen als Bewußtseinsinstanz entwickeln konnte.

Übung
Diese Übung kann allein gemacht werden, da sie nichts anderes voraussetzt als die Markierung einer Lebenslinie und die Konzentration auf das Geschehen. Es hat sich als vorteilhaft erwiesen, wenn in einem Raum schweigend mehrere Menschen nebeneinander diese Übung machen, da danach ein Austausch über die Erfahrung hilft, diese zu vertiefen.

Der Ablauf ist denkbar einfach: Es geht darum, die markierte Lebenslinie mit ihren zwei Polen des Anfangs und des Endes von außen zu umkreisen, statt darauf zu gehen. Es entsteht ein längliches Oval, das um die beiden Pole schwingt und deren Verbindung als Achse die Linie immer mehr zum Feld anschwellen läßt. Anfang und Ende sind die zwei Schwellen, die dem Leben mehr die Dimension von Raum als von linearer Strichführung verleihen. Die Linie wird immer mehr zur Spur, um die sich ein ganzes Netz von ineinander verwobenen Ereignissen spinnt. Diese Spur zieht sich auch in die Zukunft hinein, obwohl Sie noch nicht wissen, welche Spur Sie gegangen sein werden. Sie gehen davon aus, daß auch die Zukunft zu Ihrem Leben als Ganzes gehört und daß dieses Ganze eine Spur, ein Muster bildet. Während Sie Ihr Leben von außen umkreisen und sich vorstellen, Sie würden sich selbst, Ihr eigenes Leben, in dem sie mittendrin stehen, nun von außen und aus der Distanz sehen, während Sie in der Bewegung des Umgehens, Umkreisens bleiben, stellt sich vielleicht ein intuitiver Gesamteindruck her, den Sie nicht in Worte fassen können und auch nicht müssen. Bleiben Sie bei der Bewegung, bleiben Sie im Bannfeld des Lebens, bleiben Sie jedoch gleichzeitig in der Außenposition. Versuchen Sie, aus der Distanz eine Annäherung an das Wesentliche in Ihrem Leben herzustellen. Fragen Sie sich, fragen Sie das Muster, die Spur, was für einen Sinn das Ganze macht. Stellen Sie Fragen, wie man Sie an einen Plan oder eine Karte stellen würde. Orientieren Sie sich aus der Distanz an dem, was Ihnen am nächsten ist. Hinterfragen Sie das, was Ihnen nahegeht, was Sie berührt, was Sie am Leben hält, was Sie bewegt.

Und dann, wenn Sie Nähe und Distanz in ein ausgewogenes Gleichgewicht gebracht und das Leben auf zwei Weisen, von der Mitte und von außen, sehen können, ist der nächste Schritt, aus dem Umkreisen überzugehen in das Aufsuchen bestimmter Orte und Punkte auf der Lebenslinie. Es ist wie eine Expedition, die sich zum Ziel gemacht hat, mehr zu erfahren über bestimmte Lebensbereiche. Betreiben Sie „Feldforschung", und gehen Sie dann wieder in Außenposition und betrachten Sie das Ganze aus der Meta-Ebene. Beenden Sie die Übung, indem Sie die äußere Bewegung langsamer werden lassen, zum Stehen kommen, die Augen schließen. Lassen Sie das Geschehen noch einige Momente auf sich wirken. Legen Sie sich hin, entspannen Sie sich und lassen Sie innere Bilder, Gedanken, Erinnerungen aufsteigen. Notieren Sie diese und kommen Sie ganz bewußt in die Alltagswirklichkeit zurück, indem Sie sich das Gesicht reiben, sich dehnen und räkeln. Lassen Sie Ihren Blick bewußt und focussiert werden, atmen Sie tief durch und verlassen Sie für kurze Zeit den Raum, in dem Sie diese Übung gemacht haben, um durch den Wechsel Ihre Aufmerksamkeit wieder auf den Alltag zu lenken.

Peter, den wir als Nörgler schon kennengelernt haben, ist 41 Jahre, in seinem Beruf erfolgreich, wenig zu Hause. Sogar am Wochenende ist er öfter in seiner Kanzlei als zu Hause. Infolgedessen ist die Ehe in einer Krise, wie er sagt. Er meint, seine Frau solle endlich erwachsen werden, er sei bereit, für ihre Therapie zu zahlen. Völlig überrascht wurde er von ihrer Entscheidung, so nicht weiter leben zu wollen und sich von ihm zu trennen. Zunächst war er überzeugt, dies sei eine vorübergehende Laune, vor allem da es keinen anderen Mann in ihrem Leben gab. Er konnte sich nicht vorstellen, daß sie auf den Komfort, den er ihr bot, verzichten wollte. Dann, eines Tages, hatte er einen Autounfall. Es passierte ihm nichts. Auf einer herbstlichen Landstraße war er ins Rutschen gekommen, hatte die Kontrolle über das Steuer verloren und war in den Graben gefahren. Totalschaden, wie sich herausstellte, das Auto war ganz neu gewesen.

„Und nun ist der Lack ab", sagte Peter und meinte sein ganzes Leben. Seit jenem Herbsttag wollte es nicht mehr so laufen wie früher. „Irgendwie ist die Luft raus, der Schwung weg, alles zäh, alles sinnlos, ich frage mich oft, wozu das alles." Dazu machte er eine große allumfassende Geste, die überging in eine Geste der Resignation. Zunächst stellte er eine große Erschöpfung fest. Nach dem Unfall war er oft müde. Der Schock konnte es nicht sein, denn einen Schock hatte er nicht gehabt. Hatte er zuviel gearbeitet in letzter Zeit? Vielleicht. Aber er hatte immer viel gearbeitet, und es hatte ihm nie geschadet. Es hatte ihn eher fit gehalten, am Puls des Geschehens.

Er hatte sich hochgearbeitet, war einer der Top-Rechtsanwälte, hatte sich ausgerechnet auf dem Gebiet der Mediation und Vorbereitung von Scheidungsfällen spezialisiert und die Paare seiner Meinung nach immer gut beraten. Die Scheidungen gingen gut über die Bühne, keine Komplikationen. Keine Haßgefühle, keine Streitereien, so weit er gehört hatte, und eine Einsparung kostspieliger Gerichtsgebühren. Er konnte sich beglückwünschen, hatte er immer gemeint, bis zu dem Augenblick, da er aus dem Auto stieg, ärgerlich, aber nicht verschreckt, und feststellen mußte, daß der Schaden viel größer war, als er angenommen hatte. Eigentlich wollte er gleich weiter fahren, aber alles verzögerte sich. Er war ungeduldig und zum Seminar nur gekommen, um neue Techniken für seine Mediations-Praxis auszuforschen und eventuell selbst zu verwenden, denn, so sagte er, „man muß ja auf dem Laufenden bleiben."

Jetzt lief er im Oval um seine Lebenslinie wie ein Tier im Käfig und war über sich selbst verwundert, daß er ungewohnte Gefühle und Gedanken entwickelte wie: „Ich habe es im Leben zu nichts gebracht." „Ich verzettele mich immerzu." „Ich warte auf das Eigentliche, auf eine Zäsur, eine Entscheidung. Dabei geht das Leben weiter, geht vorbei. Das tut weh. Eigenartig!" Er blieb abrupt stehen und schaute auf die Lebenslinie, wo er seine Gegenwart markiert hatte und sagte: „Jetzt ist die Krise. Plötzlich ist sie da. Aber eine Entscheidung kann ich da nicht entdecken, ich wüßte gar nicht, zwischen was ich mich entscheiden sollte. Es fühlt sich so an, als hätte ich keine Wahl. Dieses Einerlei macht mich nervös. Nein, es macht mich depressiv, und das macht mich nervös. Ich fühle, daß ich keine Spannung habe. Keine Spannkraft. Ich überblicke es einfach nicht."

Er war stehen geblieben und starrte auf seine Lebensmitte, markiert durch ein Kissen. Er war irgendwie hypnotisiert. „Und was jetzt?" fragte er. Er hatte die Übung vergessen. „Wozu weitergehen?" fragt er mich irritiert, „ich sehe doch, daß es nicht weitergeht. Es ist einfach alles ins Stocken geraten." „Das Weitergehen gehört zur Übung", erinnerte ich ihn. Er hatte vergessen, aus welcher Richtung er gekommen war. „Kann ich wechseln?" fragte er, und man merkte ihm an, daß es ihm eigentlich egal war, wie herum es weiterging. Es machte keinen Sinn. Trotzdem setzte er sich in Bewegung, ging zurück. Jetzt war er auf der Höhe seines Geburtspunktes angelangt und drauf und dran, auf der Lebenslinie entlang zu spazieren. „Halt, draußen geblieben", sagte ich und machte ihn auf die Regeln der Übung aufmerksam. Er blieb wie angewurzelt stehen. „Wessen Leben lebe ich da?" fragte er mich eher unwillig. „Ich dachte, dein Leben", war meine Antwort. „Mein Leben? Dann kann ich wohl damit machen, was ich will!" „Dein Leben, meine Übung", sagte ich, „dazu gehört, daß du draußen bleibst, und sei es nur im Spiel." Er rührte sich nicht von der Stelle. „Scheißspiel, ich spiele nicht mit, ich steige aus." „Ausgestiegen bist du doch schon. Bewegen mußt du dich jetzt noch. Mit ein paar Schritten bist du dabei." „Genau das will ich nicht", sagte Peter. „Weitermachen, um dabeizubleiben. Mir ist die Puste ausgegangen. Keine Lust mehr." Er setzte sich hin.

Ich bat ihn, die Übung in der Vorstellung, allerdings mit offenen Augen zu machen, so daß der Blick das Oval abging, während er an Ort und Stelle außerhalb der Lebenslinie sitzenblieb. Er saß eine ziemlich lange Zeit so da, bewegte den Kopf nicht, ließ die Augen wandern. Er lachte in sich hinein. Er schien Gefallen daran zu gewinnen, die Augen kreisen zu lassen, jetzt schielte er, schüttelte den Kopf, ließ die Augen sich noch einmal von vorne an den beiden Fixpunkten von Anfang und Ende orientieren, schaute hin und her. „Jetzt hab ich's raus, wie man alles zusammenbringen kann", sagte er. „Es ist eine bestimmte Art des Schielens. Der Blick wird weich, matschig, Tauwetter, und dann hat man beide Sender drin: Geburt und Tod. Genau, das ist wie zwei Radioprogramme, die ausgestrahlt werden, und wenn man genau hinhört, entdeckt man, daß es dasselbe Programm ist, nur irgendwie zeitverschoben. Die Zeit fühlt sich an wie ein See, wie ein ovaler Tümpel. Alles vibriert darin, wie tanzende Lichtreflexionen auf dem Wasser. Ein komisches Gefühl im Bauch war das! Jetzt ist es vorbei, jetzt, wo ich das sage. Jetzt ist das Leben wieder eine Linie. Ich kann mich nicht davon losreißen. Und jetzt fängt es wieder an, die Linie wird zum Feld, wabert, schwappt, ist ein flüssiges Ganzes. Kohäsionskräfte wirken wie bei einem Tropfen – faszinierend! Es ist, als ob das Leben von Kohäsionskräften zusammengehalten würde, ich muß es nur geschehen lassen. Muß mich nicht anspannen, sonst ist es aus mit dem Zauber, und die trockene Linie kommt wieder an die Oberfläche. Genau, der Blick muß verschwommen bleiben, damit der Zeit-See fest umrissen bleibt." Er schüttelte den Kopf, schloß die Augen, legte den Kopf in die Hände, ein schluchzender Atemzug der Erleichterung und Erweiterung durchfuhr seinen Körper, beutelte ihn.

Als er mich danach anschaute, war sein Blick wie nach innen gerichtet. „Ich hab's", sagte er. „Ich glaube, jetzt kann ich es nicht mehr verlieren. Jetzt hab ich den Dreh raus – also wenn ich das meinen Klienten als heißen Tip mitgebe, schielen, möchte ich mal wissen, was die von mir halten.

Aber es funktioniert. Die Zeit wird ein See. Ach so, und aussteigen muß man natürlich. Das geht nur von draußen. Jetzt bin ich gespannt, ob es auch von drinnen geht." Er stieg in das Leben ein und betrat die Lebenslinie, ohne nachzudenken, ziemlich nahe am Todespunkt, den er mit dem Geburtspunkt verwechselte. Er war offensichtlich verstört, als er die Verwechslung bemerkte. „So spät schon!" meinte er, stockte, versuchte, sich auf das Körpergefühl zu konzentrieren, das er als angenehm, als wohltuend „beieinander" schilderte. „Naja", meinte er, „spät, aber nicht zu spät." Langsam näherte er sich aus der Zukunft seiner Gegenwart. Das Gefühl für die Krise war verflogen. „Ich habe mich schon entschieden", sagt er. Die Gruppenteilnehmer schauten ihn erwartungsvoll an. „Schielen!" war seine Antwort.

Mit dem „Schielblick", der die feste Fixierung und punktuelle Focussierung auflöste, ging er einige Punkte seines Lebens ab. An einem Punkt kam ihm die Erkenntnis, daß er sich nach dem Studium irgendwann einmal entschieden hatte, Karriere zu machen. Von da an hatte das Schmalspurleben begonnen, und er war darauf gelaufen wie ein künstlicher Hase auf seiner Schiene, reibungslos. Hätte er einen Augenblick innegehalten, wäre er schon viel früher aus der Bahn geworfen worden und in dem Zeit-See ertrunken. Die Arbeitssucht hatte ihn vor seiner Verschwommenheit und Desorientierung geschützt. Jetzt aber hatte er Lust darauf, „endlich schwimmen zu lernen und im Leben baden zu gehen. Und dazu", sagte er, „ist es nie zu spät."

Das Leben noch einmal von vorne tanzen

Das Leben als Tanz zu erfahren, schließt ein, das Leben als Plan, Muster, Choreografie, Theater, Film vor sich zu sehen. Von dieser Erfahrung berichten vor allem Menschen, die sich in Todesnähe befanden und deren ganzes bisheriges Leben sich vor ihnen abspulte. Eine solche Lebensrevision hat oft zur Konsequenz, bewußter mit der zukünftigen Gestaltung des Lebens umzugehen und mehr Verantwortung zu übernehmen für das, was sich bislang als „blindes" Schicksal von außen jedem Überblick und jeder Mitarbeit entzog.

Übung
In dieser Übung gehen wir von dieser offensichtlich heilsamen Erfahrung aus und stellen uns vor, wir hätten die Möglichkeit, unser Leben noch einmal von vorne zu tanzen. Dazu wählen wir ein Musikstück von einer Dauer von ca. drei bis fünf Minuten, das eine klare Gliederung mit Einleitung, Durchführung und abschließender Kadenz hat, so daß wir auf den Einstieg ebenso wie auf das ausklingende Ende vorbereitet sind und uns mit unserer Gestaltung danach richten können. Wir hören uns ein paarmal in die Musik ein, bevor wir dazu übergehen, den Tanz tatsächlich auszuführen. Einerseits haben wir dabei einen Plan im Kopf, und Gedanken werden unser Vorhaben mitbestimmen, etwa „das mache ich diesmal ganz anders", „diesmal kämpfe ich nicht" oder „diesmal wehre ich mich aber" etc. Aber kaum sind wir in den Prozeß verwickelt, werden wir erfahren, daß er eine Eigendynamik entwickelt. Natürlich bestimmt auch der Charakter und Rhythmus der Musik unsere Schritte, und es empfiehlt sich, die Übung mit verschiedenen Arten von Musik auszuprobieren. Dabei kann das Leben als Tango, als Walzer, als Largo oder als Allegretto getanzt werden.

Wichtig ist dabei, sich nicht fortreißen zu lassen, sondern das Ende im Auge zu behalten, sich also die Zeit und den Raum einzuteilen. Das Leben muß nicht chronologisch getanzt werden, und immer wieder kann zwischen den beiden Schwellenbereichen von Geburt und Tod hin und hergetanzt werden, denn Geburt und Tod sind die beiden großen Ereignisse, um die unsere Wünsche, Ängste, Hoffnungen und Phantasien kreisen.

Erfahrungen

Peter, der „schielende" Rechtsanwalt aus der vorigen Übung, machte sich gleich daran, das Leben nochmal anzupacken. Er wollte kaum das Ende der Musik abwarten, um sich erneut in das Getümmel zu werfen. „Die besten Ideen kommen mir mittendrin und unter Druck", sagte er, „am besten, ich plane nicht vorher. Das bringt mich nur durcheinander, soviel zu bedenken, auszuwählen, zu entscheiden. Wer die Wahl hat, hat die Qual, deshalb liebe ich Sachzwänge." Ich bat ihn, sich trotzdem auf das Experiment einzulassen, einmal die liebgewordenen Gewohnheiten beiseite zu lassen und es ganz anders zu machen. Wir einigten uns darauf, daß er die Musik zu Ende hörte, ohne gleich in Aktivismus zu verfallen, daß er auf den gemeinsamen Beginn mit der Gruppe wartete und nicht aus der Reihe hüpfte.

Endlich kam das Startzeichen für die Übung „Das Leben noch einmal tanzen". In diesem Falle hatte ich eine Musik für alle ausgesucht. Es war eine einprägsame Musik, geradezu ein Ohrwurm. Aber als die Musik begann und alle eifrig an ihrem Geburtspunkt in den Startlöchern lagen und auf das erste Einsetzen der Melodie ihre Kindheit umplanten, als schon ziemlich Bewegung im Raum war, da stand Peter immer noch unschlüssig neben seiner Lebenslinie und kratzte sich das Kinn. Schließlich holte er sich einen Stuhl, stellte ihn auf die Lebenslinie im Gegenwartspunkt und setzte sich hin. Er schloß die Augen und öffnete sie erst nach dem Ende der Musik. „Ich wollte sehen, ob es auch anders geht", sagte er. „Gleich als die Musik begann, wußte ich nämlich, daß ich alles noch einmal genauso machen würde. Es ist, wie wenn die Musik zu einem Film gehört, in dem ich eine Rolle spiele, ob ich will oder nicht. Das macht allein schon in der Vorstellung so ein beklemmendes Gefühl im Bauch, eigentlich keine Zeit zu haben, keine Zeit zu leben. Verrückt, da bin ich in meinem eigenen Leben und habe keine Zeit dafür! Also da läuft etwas ab, das muß der Trott der Gewohnheit sein. Einmal im Zug und abgefahren, steige ich nicht mehr aus, auch wenn ich eigentlich längst an meinem Ziel angekommen bin. Es ist ein Zug im doppelten Sinn, ein Zug, der fährt, und ein Zug, der zieht. Es ist aber auch wichtig, daß es ein Zug ist, der es in einem Zug durchzieht – einmal angehalten, weiß ich nicht mehr, was ich eigentlich wollte. Und dann war alles bis dahin umsonst. Also riskiere ich nicht anzuhalten. Deshalb bin ich diesmal gar nicht in den Zug eingestiegen, habe ihn einfach abfahren lassen, schließlich war es ein Spiel, und ich wollte ausprobieren, wie sich das anfühlt. Schließlich habe ich ja jetzt gelernt, die Zeit ist ein See. Mal gucken, dachte ich mir, ob die Zeit mich trägt. Mal gucken, ob die Zeit mich nicht weitertragen kann, die Zeit als Strom. Und so saß ich auf meinem Stuhl und sagte mir, die Zeit trägt dich. Und sie trug mich. Ich fühlte mich wie auf einem Boot, das auf der Strömung trieb. Um mich herum konnte ich fast das glucksende Geräusch der Wellen am Bug hören, das Rauschen des Wassers, und es war ein sehr beruhigendes Geräusch, das signalisierte, es ist im Fluß, alles ist im Fluß."

Ich fragte Peter, ob er irgendwelche Erkenntnisse betreffend seiner konkreten Gegenwartssituation erhalten hätte, irgendwelche Botschaften, Aha-Erlebnisse. Er stutzte und fragte: „Hätte ich denn?" Er schloß die Augen und versetzte sich nochmals in die Lage, dort auf dem Stuhl. Er kam auf die Idee, die Übung nochmals zu machen und diesmal den Stuhl woanders hinzustellen. Er sagte, eigentlich bräuchte er die Übung gar nicht machen, er müsse sich nur vorstellen, daß er sie mache. Und dann fiel es ihm ein. Begonnen hatte es in der Schule. Da war der Zug abgefahren. Immer dabei sein, immer im Vordergrund, immer kämpfen. Und dann ging es reibungslos weiter in der Schiene, in der er nun einmal war. Und nach dem Examen hatte er keine Pause gemacht. Er war noch lange nicht am Ziel. Und einmal in der Schiene der Karriere, und war sie noch so erfolgreich, und eben weil sie so erfolgreich war, kam er nie dazu wahrzunehmen, daß dies das Ziel gewesen war. Bis zu dem Tage, da er sich verwundert sagte, daß er alles im Leben erreicht habe, was er sich vorgenommen und gewünscht hatte. Und daß er dabei war, es zu verlieren. Und daß er es eigentlich nie geschätzt und anerkannt hatte bis zu dem Augenblick, da er bemerkte, daß es ihm entglitt. „Und weißt du", meinte er, „weißt du, was mir meine Mutter zum 40. Geburtstag sagte? Sie sagte: ‚Junge, ich freue mich, daß du es geschafft hast!' Und ich denke, daß sie jetzt stolz auf mich ist. Aber sie sagte, stelle dir vor, sie sagte: ‚Dein Vater meinte bei deiner Geburt, bei dem wirst Du ganz schön kämpfen müssen, wenn du den durchbringen willst.' Ich war eine Frühgeburt, ziemlich viel krank, schwächlich. Aber ich habe es geschafft. Und ich dachte immer, ich müßte kämpfen. Leben war für mich ein Kampf, das reine Überleben schon ein einziger Kampf. Aber jetzt ist das anders, schon eine ziemliche Weile, aber jetzt habe ich es endlich ganz kapiert, ich bin keine Frühgeburt mehr, ich bin hier angekommen, voll und ganz. Wahrscheinlich bin ich dann letztlich doch noch ausgereift. Und habe es jetzt sogar noch mitbekommen!"

Anfangs hatte Peter mit einer gewissen Sturheit immer

nur gesagt, es sei alles sinnlos. Alles, alles sei sinnlos. Jetzt sagte er begeistert, alles mache Sinn, alles, einfach alles. Aber er hatte da einen verschmitzten Blick in den Augen, als wüßte ich doch genau, was er sagen bzw. nicht sagen wollte.

Nachwort

Der Tanz um die Lebenslinie hat den Sinn, Ordnung durch Verbindung und Beziehung zu schaffen, in diesem unbekannten Land unseres Lebens und unseres Lebens. Neue Wege können experimentell gegangen und getanzt werden. Begeisterung kann geweckt werden, neue Ideen, Visionen, Utopien können Entstehen. Es ist seltsam, wie wenig wir uns gemeinhin von Visionen und Utopien erwarten – vielleicht weil sie nur selten aus dem Kopf in den Körper übertragen und im Tanz ausgedrückt werden. Hier können sie wirksam und vielleicht auch wirklich werden.

U-Topia heißt wörtlich: Nirgendwo-Ort. Wenn wir von unserem individuellen Schicksal der Sterblichkeit auf das der Erde schließen, so haben wir es, mehr noch als mit unserem individuellen Todespunkt, mit einem Ort zu tun, der tatsächlich im Nirgendwo liegen könnte, falls es ihn gibt. Die Sterblichkeit der Erde oder besser das Ende der Welt ist ein Thema, dem die Menschheit ein enormes Interesse entgegenbringt. Angenommen, wir wagten uns an das Experiment, die Lebenslinie der Erde nachzuspielen, so sind wir sofort mit der Frage konfrontiert: Gibt es wirklich ein Ende, und wenn ja, wie sieht es aus?

Im Unterschied zu den vielen Todesfällen in unserer Nähe haben wir das Ende eines Planeten nie miterlebt. Zwar wird das Ende der Planeten schon auf Computerspielen vorprogrammiert, die Apokalypse gibt neben vielen anderen Visionen aus religiösen Kontexten genaue Anweisungen, wie man sich das Ende vorstellen muß, und gerade in der jüngsten Geschichte lassen immer wieder furchtbare Situationen im Krieg oder Naturkatastrophen die Assoziation mit dem Ende der Welt aufkommen, aber es gibt doch immer noch ein Überleben im kollektiven Sinn, das auch aus diesem Ende Geschichte werden läßt.

Wenn wir uns aber, ermutigt durch die Experimente mit der Lebenslinie, mit dem zunächst nur in Gedanken konstruierten hypothetischen Ende der Welt vertraut gemacht haben, dann soll auch hier die Einübung in den „Raum des erfüllten Alters" im Vordergrund stehen. Daß dieser Gedanke nicht so abwegig ist, beweisen die vielen Kosmologien und Utopien, die sich mit dem Endziel der Schöpfung auseinandersetzen. Hier sei vor allem Teilhard de Chardin erwähnt, der mit seiner These vom Alpha- und Omega-Punkt sehr nahe an die Inszenierung von Anfang- und Endpunkt als Pole der Zeitlinie kommt. In seiner visionären Beschreibung des Omega-Punktes hat er unserer Zeit eine Form und einen Inhalt als Vorlage für weitere Utopien gegeben. Der große christliche Denker hat dabei anstelle des apokalyptischen Schreckensszenarios der Bestrafung durch Vernichtung eine Utopie gesetzt, die eine Utopie der Liebe ist, eine Utopie der komplexen Ordnung, die höchste Ansprüche an die Intelligenz stellt – eine kosmische Intelligenz, die sich im Menschen utopisch verkörpert. In diesem Sinne und mit diesem Anspruch verstehe ich auch meine Arbeit mit Zeit- und Lebenslinien.

Breites Spektrum Frauen

Christine Swientek
Mit 40 depressiv, mit 70 um die Welt
Wie Frauen älter werden
Band 4010

Älterwerden nicht als Last, sondern als Lust und Chance. „Dieses Buch ist eines der positivsten und handfestesten, die es zu dieser Thematik gibt" (Frankfurter Rundschau).

Verena Kast
Loslassen und sich selber finden
Die Ablösung von den Kindern
Band 4002

Sich loslassen und sich als Erwachsene neu begegnen. Phasen und Chancen im Ablösungsprozeß von den Kindern.

Marie Luise Kaschnitz
Zeiten des Lebens
Band 4029

„Zum Wiederentdecken und Sicheinlassen auf die leisen unaufdringlichen Töne" (Buch-Journal).

Maria Kassel
Traum, Symbol, Religion
Tiefenpsychologie und feministische Analyse
Band 4040

Die Symbole und Träume, die in den biblischen Texten verschlüsselt sind, können befreit werden zu neuem Leben.

Ulli Olvedi
Frauen um Freud
Die Pionierinnen der Psychoanalyse
Band 4057

Von Anna Freud bis Karen Horney. „Ohne Insider-Jargon, durchaus kritisch, jedoch nie einseitig" (Der Standard).

HERDER / SPEKTRUM

Christine von Weizsäcker/Elisabeth Bücking (Hrsg.)
Mit Wissen, Widerstand und Witz
Frauen für die Umwelt
Band 4093

Sie blockieren, demonstrieren und intervenieren. In allen Teilen der Welt kämpfen engagierte Frauen den Kampf für die Umwelt, gegen Lobbyisten und Dummheit.

Gunda Schneider
Noch immer weint das Kind in mir
Eine Geschichte von Mißbrauch, Gewalt und neuer Hoffnung
Mit einem Nachwort von Irene Johns
Band 4097

Alle haben es gemerkt, und jeder hat geschwiegen – auch Gunda selbst. Erst als erwachsene Frau kann sie die Erfahrung des Inzests in Worte fassen.

Fatema Mernissi
Der politische Harem
Mohammed und die Frauen
Band 4104

„Fesselnd, mit großer Sensibilität, einer Mischung aus Zurückhaltung und Kühnheit geschrieben" (Le Figaro).

Barbara Krause
Camille Claudel – Ein Leben in Stein
Roman
Band 4111

Sie war ein Genie und zerbrach an der Ignoranz ihrer Zeit.
Die mitreißende Geschichte eines Lebens gegen jede Konvention.

Julie und Dorothy Firman
Lieben ohne festzuhalten
Töchter und Mütter
Band 4117

Ein einfühlsames, ehrliches Buch für ein geglücktes Verhältnis von Töchtern und Müttern in allen Phasen des Lebens.

HERDER / SPEKTRUM

Heidi Gidion
Was sie stark macht, was sie kränkt
Töchter und ihre Väter
Band 4225

Brauchen Töchter Väter? Und umgekehrt? Anhand konkreter Situationen und in Texten großer Autorinnen spürt Heidi Gidion den reichen Nuancen dieser Beziehung nach.

Marlies Kemptner
Nie wieder Diät
Eine Erfahrung
Band 4226

Zu Risiken und Nebenwirkungen von Abmagerungskuren fragen Sie Ihren Arzt – oder lesen Sie die Geschichte dieser Frau.

Annemarie Pieper
Aufstand des stillgelegten Geschlechts
Einführung in die feministische Ethik
Band 4231

Für weibliches Denken: Eines der ersten Bücher, das die Notwendigkeit einer geschlechtsspezifischen Moral und Existenzform begründet. Mit allen wichtigen Konzepten von Beauvoir bis Irigary.

Saliha Scheinhardt
Sie zerrissen die Nacht
Erzählung
Band 4232

Eine kurdische Familie auf der Flucht vor Hunger, Krieg und Unterdrückung. – Die authentische Geschichte der Odyssee einer jungen, starken Frau.

Heidemarie Kremer
Freiwillig unter dem Schleier
Als Deutsche im Iran
Band 4237

Mit einem Iraner verheiratet – unvorstellbar für die westliche Frau? Ein Erfahrungsbericht, kritisch, aber frei von Vorurteilen.

Heike Langenbucher
Sprache des Körpers – Sprache der Seele
Wie Frauen sich wohlfühlen können
Band 4242

Die Signale des Körpers und der Seele erkennen, sich als Frau wirklich rundum mögen! Wohlfühl-Tips einer Frauenärztin.

Elvira Torni
Der Eierkuchenmond
Tage und Nächte einer Single-Frau
Band 4253

Was ein Glück: Der ewig nörgelnde Lebensgefährte ist abhanden gekommen. Also nichts wie her mit dem Traummann! Elvira Torni erzählt witzig, mit Tempo und Biß „von Eierkuchen und anderen Sinnesfreuden."

Maja Überle-Pfaff
Wie gut, daß es die Oma gibt
Das nützliche Geschenkbuch für die neuen Großmütter
Band 4265

Geschichten für die Omas von heute. Märchen, Anekdoten, Erinnerungen. Und ganz konkrete Tips, wie das Zusammensein mit den Enkelkindern Spaß macht.

Barbara Krause
Diego ist der Name der Liebe
Frida Kahlo – Leidenschaften einer großen Malerin
Band 4270

Den Schmerz von Körper und Seele schreit sie in ihren Bildern hinaus: Frida Kahlo, die große surrealistische Malerin. Ihre Liebe zu dem Künstler Diego Rivera war so fesselnd und intensiv wie ihr ganzes Leben.

Claudia Harss/Karin Maier
Joghurt allein genügt nicht
Aktive Streßbewältigung für berufstätige Frauen
Band 4275

Beruf, Haushalt, Mann, Kinder – alles kein Problem? Oder Dauerstreß pur? Oft können einfache Tricks den Alltag verändern. Wenn frau sie kennt.

Saliha Scheinhardt
Liebe, meine Gier, die mich frißt
Erzählung
Band 4290

Eine gescheiterte Liebe treibt eine junge Frau in immer neue enttäuschende Beziehungen. Erst langsam erkennt sie ihre Abhängigkeit und wehrt sich.

Kristina Meyer
Das doppelte Geheimnis
Weg einer Heilung – Analyse und Therapie eines sexuellen Mißbrauchs
Band 4293

Erinnerungen an den qualvollen Weg einer Therapie und die schreckliche Gewißheit, sexuell mißbraucht worden zu sein. Aber auch eine Botschaft, die vielen Frauen in dieser Situation Mut macht.

Christine Swientek
Mal sehen, was das Leben noch zu bieten hat
Das fünfzigste Jahr oder die bessere Hälfte des Lebens
Band 4298

Der fünfzigste Geburtstag. Kein Grund, Trübsal zu blasen. Eher einer, lustvoll den Blick nach vorne zu richten! Denn: Jetzt entscheidet frau endlich selbst, wie ihr Leben aussehen wird. Was will ich noch alles tun bis zum 86. Geburtstag? Ein heiter-freches Tagebuch und eine Einladung zum Nach- und Mitmachen.

Lilo Traun
Ciao, Mama – bis bald!
Wenn Kinder flügge werden – Lust und Frust einer betroffenen Mutter
Band 4308

Wie ist das, wenn die Kinder nur noch nach Hause kommen, weil sie etwas wollen? „Nur nicht unterkriegen lassen!" ist der Ratschlag einer betroffenen Mutter.